瑞士黑幕

以政治力和金融制度，為名人權貴、超級富豪、獨裁者、特務及天主教會藏匿不法所得的銀行。

BASTIAN OBERMAYER
巴斯提昂・歐伯邁爾

FREDERIK OBERMAIER
弗雷德瑞克・歐伯麥爾

HANNES MUNZINGER
漢尼斯・孟沁格——著

楊婷湞——譯

SCHWEIZER GEHEIMNISSE

本書獻給每一位勇敢的吹哨者，感謝你們讓這個世界變得更好。

目錄

序幕……007
第1章 匿名者的來信……011
第2章 醜聞纏身的銀行……021
第3章 獨裁者的第二個家……037
第4章 精心編排的童話故事……057
第5章 百萬猜謎遊戲……073
第6章 森林裡的會面……081
第7章 騎兵上場了……087
第8章 間諜的國度……097
第9章 不知羞恥的小騙子……109
第10章 石油黑錢外洩……121
第11章 歷史性的認罪……139

第12章 奈及利亞的國王……159
第13章 尋金獵人……177
第14章 人口販子和私刑將軍……191
第15章 新聞自由岌岌可危……209
第16章 政府的頭號目標……223
第17章 以上帝之名……235
第18章 數不盡的爛蘋果……251
第19章 制度裡的漏洞……261
尾聲……273
法律聲明……286
感言……291

序幕

一行又一行的神祕數字排列在電腦螢幕上。上千筆帳戶資料由上到下，一筆接著一筆，每筆都藏著不為人知的故事。

一長串綿延不見底的表格，數字和字母揭露了本該不計一切代價隱藏的資訊，鉅細靡遺交代了戶名、開戶時間、金額、地點等細節。其中不乏國王、主教、總理、總統、黑手黨和人口販子的帳戶，每個人名占據一行，就像民主社會提倡的人人平等一樣。

這份熱騰騰的資料揭露出知名的瑞士信貸集團（Credit Suisse，後稱瑞士信貸）的祕辛。靠著這些資料，我們或許能揭發該集團史上最大宗的祕密。資料上曝光的數十億瑞士法郎（後稱瑞郎）、美元和歐元資產，應該是銀行客戶一輩子都想極力隱藏的數字。

銀行客戶保密條款是整個瑞士銀行業的根本，是這個國家最引以為傲，表現也十分亮眼的產業。在過去一百年裡，由於瑞士堅守保密義務才能讓自家銀行如此蓬勃發展，在國際間的聲譽屹立不搖。「錢存在瑞士絕對安全」的承諾延續幾個世代都未曾改變。這個長年無法撼動的安全堡壘卻有著眾多面向：來自西方國家的有錢人將它視為阻隔國家財政單位的屏障；民主發展落後國家的權貴則背著人民在此隱藏財產。

也因此，銀行客戶保密條款長年不斷被濫用。這情況不是偶發或特殊事件，也非近期才出現，而是打從一開始就有系統且大規模地進行。牽涉其中者不僅是洗錢犯、逃稅的人和獨裁者，那些銀行內部的知情人士、共謀和從中獲利的人的都知曉這個祕密。這個制度在設計之初就存有缺陷。

然而，我們，《南德日報》（*Süddeutsche Zeitung*）調查報導小組，從匿名人士提供的瑞士信貸內部資料裡發現許多這類弊案，卻不知道該怎麼著手調查，因為這是一起規模擴及全球的銀行醜聞。

提供情報給我們的人則是身處險境。瑞士的銀行已經不只一次派私家偵探調查有嫌疑的員工，連國家情報單位也出動祕密調查人員；司法部嚴懲任何洩漏瑞士銀行內部情報的人，無論他們是公開不法情事或是展開調查，都難逃追查和官司。

偏偏在這個最古老的歐洲民主體系中，瑞士議會曾通過禁止記者報導銀行醜聞的規定。

該不會，此時此刻在打字的當下，我們已經違法了吧？簡直讓人難以置信。

瑞士信貸不是普通的瑞士銀行，它是全球規模最大、也最具爭議的銀行之一。過去幾十年裡，瑞士信貸因一連串的違法事件，已支付超過八十億瑞郎的罰金，而銀行一貫用「特殊個案」來解釋。連向來和銀行關係交好的《新蘇黎世報》（*Neue Zürcher Zeitung*）都評論：「問題就在於現在有一堆這樣的『特殊個案』。」

瑞士信貸一再承諾會改善。銀行本來不該繼續服務來自世界各地的問題客戶，但醜聞卻仍是一樁接著一樁發生。

我們瀏覽過來自德國、美國、烏克蘭、亞塞拜然、委內瑞拉和哈薩克的開戶資料，算一算超過一百六十個國家。然而，這不過是故事的開頭而已。

其餘的都寫在這本書裡了。

第1章 匿名者的來信

「我認為瑞士的銀行客戶保密條款並不道德，所以才會冒險記錄這些資料。保護個人財產隱私的說辭，只不過是瑞士銀行業用來掩蓋自己是逃稅共犯的遮羞布。……此舉不只助長貪污，還掠奪了發展中國家迫切需要的稅收。瑞士違背了『羅賓漢原則』[1]，才讓這些國家成了頭號受害者。」

我們前些日子從《南德日報》收到了一封信，這段話便是出自信件的內容，裡面也提到

1. 羅賓漢是劫富濟貧的英雄，此指瑞士應發揮此精神。

了寄件人的動機。他自稱是某個厭惡瑞士銀行界所做所為的人，因此想將迄今蒐集到的祕密資料公諸於世。這個人就是大家口中所謂的「吹哨者」。

這封信啟動了一場橫跨全球的調查行動，總計來自超過三十個國家，近五十家媒體，逾一百五十名記者參與這項調查，揭露了一家全球大型銀行的營運祕辛，讓我們頭一回深入了解瑞士頂尖銀行的顧客機密，並且質疑瑞士政府，特別是瑞士銀行近年來的說法。不過，這一切都是我們始料未及的。

這名吹哨者是經由加密的電子信箱聯繫我們。講到這件事我們就慚愧，雖然加密信箱很安全，要清空卻很麻煩，需要四個隨身碟、兩部筆記電腦和五道不同的複雜密碼才能讀取收到的訊息。我們通常沒有這麼多時間做這件事，這也是為什麼我們明知該看信箱，卻很少打開。

不過，這個信箱解決了網路世界其實難以做到的匿名通訊問題，也因此不能沒有它。每筆數位通訊幾乎都會留下記錄，舉凡電子郵件、通話或聊天室訊息，連加密過後也不例外，所以我們採用「安全投遞」（Secure Drop）。這個軟體是由一群網路使用者所開發，目的是給吹哨者和記者之間建立一個溝通管道，無論是檢察官、情治人員、私家偵探還是警方都無法追蹤。因為確保情報提供者的安全以及無條件保護資料來源是調查報導的首要信念，不能輕忽。在現今的數位時代裡，「安全投遞」是幫助我們守住這個信念的得力助手。

不斷開發這個信箱，並將信箱供給全世界的新聞編輯部使用的單位，正是由美國前情治人員愛德華・史諾登（Edward Snowden）和揭發五角大廈文件（Pentagon Papers）[2]的丹尼爾・埃爾斯伯格（Daniel Ellsberg）等傳奇吹哨者所領導的美國新聞自由基金會（Freedom of the Press Foundation）。《南德日報》是德國少數透過「安全投遞」和吹哨者聯繫的媒體之一。

每回點開信箱，我們總要花數個小時點閱所有的信件。有些來信是臭罵我們，有些是散播陰謀謠言，還有人寄來另人倒胃口的裸體照片（十之八九都是男性身體）或是駭人的戰地影片。幾年前開始，甚至有人來信聲稱他的牙齒裡藏著一塊監視他的晶片。

不過，捎來瑞士信貸情報的信件和上述情況完全不同。信中的語氣沉穩、實事求是且不慍不火。寄件人的性別、年齡或是居住地區都不詳，我們只能看見一個自動產生的代號Soporific Debtor，意思是「麻痺債務人」，還看到一條「嗨，我想提供資料」之類的訊息。

除非提供資料的人允許，否則我們不能公開與他之間的對話，這麼做是為了保護消息來源。麻痺債務人已經清楚指示我們能公開哪些內容。按照他的說法，我們不僅是記者，同時也是各國檢察機關的線民。他在來信裡也拜託我們：「請將資料按照居住地的國家（必要時按國籍）分類及排序，並提供給各國稅務機關，最好他們能進行必要的稽查。」

2. 有關美國國防部捲入越南政治與軍事事件的機密文件。

由此可知，麻痺債務人希望我們把資料轉交給官方。然而，這也是讓我們感到為難的地方。

我們從來不會把從吹哨者手中獲得到的資料轉交給第三方，除非內容涉及生命安全，或是與挾持或潛在的攻擊事件有關。除了上述情況以外，我們一向最重視與記者和政府機關維持壁壘分明的關係。就像我們不會和調查人員聯手處理這樣的資料，而是持續地從旁觀察他們。保持專業上的距離是我們這個行業的必要做法，因為吹哨者的線索可能就藏在資料裡，這麼做也是為了他的人身安全，也是我們不願意分享資料的原因。

最後，就算吹哨者和我們記者或國家調查人員的目標相似，實質上卻不相同。

我們小心翼翼地試著跟吹哨者解釋這一點，不想因此冒險讓他中斷聯繫，或轉向其他地方尋求協助，例如競爭對手或是官方單位。抱著不安的心情等了一會兒，他回覆同意我們的做法。或許是因為我們表明會將這份資料和國際媒體同業分享，如果內容極具爆炸性且查證屬實的話。

行動就從此刻開始了，我們滿心期待會收到什麼樣的資料。麻痺債務人的資料是經由俗稱的TOR傳送到我們這裡，TOR是The Onion Router的縮寫，Onion代表洋蔥。正如其名，這是一種洋蔥式的網路結構，提供資料的人和公司信箱之間會經過多層的加密手續，像一層又一層的洋蔥，並經由多個節點傳輸。這樣一來應該就無法追蹤到寄信或傳資料給我們的人。

但是，越安全的網路運作速度也越慢，還好，我們的吹哨者耐心十足，沉著冷靜地寄出一封又一封的資料。

最後我們眼前出現一長串的表格，上頭有許多欄位和數千筆的資料，這些就是瑞士信貸上千名客戶的祕密。

我們又驚又喜。對各家調查報導來說，瑞士是一個與眾不同的國家，特別是由於它的銀行業。獨裁者或犯罪集團的空殼公司可能設在巴拿馬、巴哈馬或是百慕達，卻都會把錢存放在瑞士。全世界的洗錢和詐騙分子的招術都一樣沒創意和老套，因為錢放在瑞士最安全和萬無一失。瑞士曾經是不透明帳戶的黃金指標，即使銀行客戶保密條款在這段期間有些改變，某些情況下已不如以往般的嚴密。這也是為什麼二〇二〇年最新公布的「金融保密指數」（Financial Secrecy Index）的全球排名中，瑞士在重要保密國家中仍位居第三名。這項指標由非官方組織「租稅正義聯盟」（Tax Justice Network）所發布，被公認是絕對嚴謹的數據。

我們的情報來源不是第一個批評瑞士的人，但他卻冒著極大的風險。自一九三〇年代起，瑞士就將「銀行客戶保密條款」納入法律當中，違法者可能被判入獄數年。因此，近年來，雖然巴拿馬、英屬開曼群島和馬爾他等避稅天堂都曾傳出資料外洩的事件，全世界卻對瑞士銀行的客戶和交易幾乎一無所知。

就這樣一直到現在。

如今我們開啟了這扇巨大的神祕之窗。像我們這樣的記者，多年來試圖追蹤遭挪用金錢的線索，卻總像貼在一片毛玻璃前，看不透也摸不清，這些資料真的讓我們開了眼界。

我們從資料上得知瑞士信貸幾千名客戶開戶和關戶的時間點，用公司、另一間銀行或是私人的名義開戶，持有人的名字、居住地和國籍。我們還看到他們的電話、電子郵件和住址。

最重要的是我們還看到了：錢。

數百萬瑞郎在我們看來十分誘人，過了一會兒定睛一看是數十億瑞郎，最後確認總金額超過一千億。

能夠確認的是，只有資料還不足以揭發其中內幕。不過我們一開始就有把握，總有一天會將這一切公諸於世。上千個瑞士銀行的帳戶，怎麼可能沒有暗藏不法情節？要是這些帳戶真的都沒問題，也告訴我們一件事：瑞士銀行業長久以來都被冤枉了。

因為這種故事原本就會引起眾人的關注，銀行資料外洩更可能會受到全球矚目。當然，任何一家瑞士的銀行絕對不會把這些訊息洩漏給記者。

內部資料外洩會讓所有企業都坐立難安。如果有一家銀行的祕密帳戶資料不見了，那將會引發一場災難；如果又發生在一家瑞士的銀行，而且是銀行巨頭之一，那就是一場超級災難。

幾個世紀以來，瑞士銀行業的保密功夫聞名全球。有長達數幾十年的時間，客戶甚至能不用自己的名字，而是用一組號碼開戶。只有銀行裡少數的高層才會知道藏在一二三四五六號帳戶背後的真實身分。瑞士的數字帳戶就和它的起司和瑞士刀一樣出名。銀行保證帳戶完全匿名，就連對官方單位也是守口如瓶。二〇〇九年，海爾維雅（Helvea）企業管理顧問公司估計，存在瑞士銀行的資產有四分之一是來自歐洲未申報的資金，也就是俗稱的黑錢。

但是，現在不一樣了。我們腦海中立刻浮現出足球明星、頂尖經理人和出現在廣播或電視裡的一些熟悉面孔，當中有些人甚至進了監獄。

雖然世界上其他國家也有銀行客戶保密條款，卻沒有一個國家像瑞士如此嚴密地保護客戶的祕密。而我們卻在幾乎不可能的情況下知道了這些祕密。

我們目光再度回到眼前的螢幕上，一一瀏覽所有的帳戶。我們還無法說出究竟看到多少個瑞士信貸的帳戶，總之這些絕不是全部。

麻痺債務人詳列出我們可能從資料中讀到的訊息，包括看不懂的部分。光從這點就看得出來，他做事仔細謹慎，非常有條理，而且還規定我們可以公開以及可能陷他或她於危險的內容。記者這個行業對於稀奇古怪的事情早就司空見慣，但現在有個不相識的人，將他的安全託付給我們。為了得到銀行內部的資料，他應該是冒著極大的風險，現在又再度鋌而走險把資料傳給我們。

這麼做算是瘋狂？還是他充滿英雄救世的精神？

麻痺債務人隨信提到：「我知道，擁有瑞士的銀行帳戶的人不一定代表有逃稅或從事違法的金融交易。」一定有些帳戶是稅務機關早就知道的，那種「特別數字代碼」的戶頭就另當別論了。

事實上，當我們第一次看到資料時，就已經注意到幾個人名。當中有知名人士、可疑人物或者兩者皆是的人：前喬治亞總理畢齊納・伊萬尼什維利（Bidzina Ivanishvili），他被問及此事時沒有發表評論；二〇一八年當選的亞美尼亞總統阿曼・薩奇席恩（Armen Sarkissian）則否認有不法行為；還有一位男性和著名的巴爾幹戰犯同名。這是一個好的開始，我們會追蹤和調查這些名字，看他們在瑞士信貸的帳戶是否各自有不法情形。估計會找出更多有趣的名字，瑞士銀行向來都有讓人眼睛為之一亮的客戶。

順帶一提，麻痺債務人認為發生瑞士信貸內部的不法行為，責任並不在銀行身上；他們「只不過是優秀的資本家，並且把利潤最大化」而已，問題出在瑞士的法律制度。瑞士的立法單位必須為助長金融犯罪負責，而且瑞士人民基於國家的直接民主制度有權對此採取行動。

針對銀行責任的這一點，我們抱持不同的看法。或許對居住在約四萬一千平方公里的九百萬瑞士人民而言，大力推動整治銀行的要求稍微高了一點。正如同麻痺債務人所言：「我深信，一個如此富有的國家應該要對得起自己的良心。」

我們畫分出工作項目。首先要對資料進行通盤了解，然後要釐清如何最有效地從資料中挖掘出珍貴的訊息，也就是評估資料，更要找出一個能澈底查證這些資料的方法。儘管這些資料乍看之下讓人興奮，我們仍必須抱持著懷疑的態度，並且先弄清楚：這到底是不是真的？

第2章 醜聞纏身的銀行

我們點過一行又一行的資料。這是一次深入瑞士信貸內部的探險。起初，我們看到一堆數字和符號，一長串數字、出生日期和年分和上千個姓名。我們還無法掌握所有資訊，每點一下滑鼠就又朝著未知的內容前進。但是，每往前一步，學到的東西也越來越多。

我們學會分辨公司或個人名義的帳戶。我們看到開戶一段時間，資金來往數十年的帳戶，還有些甫開立又隨即關閉的帳戶。我們也遇過存有巨額的帳戶，持有人的名字從來沒聽過，用Google也搜尋不到。還有，我們發現，一開始看到和舉世聞名戰犯同名的男人應該另有其人：出生日期不符，看起來也不像是擁有帳戶使用權，或是和之前赫赫有名的政治人物有關係。光找資料就讓我們陷入了死胡同裡，只能先擱在一旁。多年來，我們早就習慣為垃圾筒貢獻點內容物也算是工作的一部分。

我們在資料上發現阿拉・穆巴拉克（Alaa Mubarak）和賈邁爾・穆巴拉克（Gamal Mubarak），他們是已故埃及總統胡斯尼・穆巴拉克（Hosni Mubarak）的兒子。穆巴拉克在一九八一年至二〇一一年期間以強硬手段統治埃及。對一個被稱做獨裁者的人，「強硬手段」只是一個客氣的說法。阿拉・穆巴拉克的出生日期和資料相符，他的名字出現在四個不同的帳戶，有時金額加起來多達數億瑞郎。對擁有富豪客戶的瑞士銀行來說，這仍是一筆為數不少的金額。

至於他的弟弟賈邁爾，在阿拉伯之春爆發前夕被視為可能是穆巴拉克的接班人。資料上註明的出生日期一九六三年十二月二十八日，卻比他實際生日晚了一天。有沒有可能是打字錯誤？

穆巴拉克的帳戶是進一步能證明麻痺債務人所提供資料真實性的證據。因為自阿拉伯之春以來，這位卸任元首的兒子們有多個瑞士銀行戶頭已是眾所皆知，其中包括瑞士信貸的帳戶。阿爾及利亞報紙《新聞報》（*Al Khabar*）曾在二〇一〇年報導這位埃及總統兒子的瑞士帳戶，瑞士政府也隨即在穆巴拉克下台後發布「針對埃及特定人士措施」的規定，此舉是為了凍結穆巴拉克家族及其親信的瑞士資產，包括帳戶和不動產。只要名單上的人是他們的客戶，瑞士銀行就必須「立即」向官方單位回報。瑞士聯邦刑事檢察院甚至對這位埃及獨裁總統兒子們的洗錢案展開偵查。本書編務進入尾聲時，案件仍在審理中。（賈邁爾及阿拉的律師表示，他們的海外財產皆已按規定申報。）

就在穆巴拉克下台後的幾個月內，他在瑞士的銀行帳戶，連同存在瑞士信貸裡，合計數億的瑞郎就遭到凍結；推估這筆金額就是資料上我們所見帳戶的加總。可是，我們在資料裡沒有看見任何說明，無法辨識出被凍結的帳戶。瑞士聯邦刑事檢察院和瑞士信貸也都沒有透露究竟有哪些戶頭遭到凍結。銀行僅表示：「一切遵照國際及當地現行法規。」

有趣的是，凍結帳戶對銀行絲毫沒有造成實質上的損失。研究貪污的瑞士專家馬克・皮耶特（Mark Pieth）說：「就算帳戶被凍結，銀行仍舊能從中賺取手續費。況且，在這段期間裡，若是資金配置得宜，帳戶持有人的收益還是會持續增加。」

不過，這項發現仍然是難能可貴的線索。我們不僅握有進一步的證據，顯示這份資料的真實性；另一方面，這兩位知名人士的例子也讓我們知道，資料裡還有尚待發掘的訊息。如果連這些爭議性的人物都出現名單上，很有可能瑞士信貸並沒有針對國家元首、政治人物和富豪等頂級客戶的帳目特別把關。這就表示，我們也許會從中發現來路不明的資金存入瑞士信貸，而裡面就藏著見不得光的內情。

穆巴拉克就是活生生的例子。阿拉伯之春爆發當時，數千人為了實現民主和終結貪腐走上街頭，這群人冒著生命危險示威遊行，抗議在位多年的掌權者。原本人民的納稅錢、政府的收入理應惠及所有人，而不是把持在少數揮霍無度的人的手裡。但是，顯然有一部分的國有財產早就不在國內，而是被放在瑞士的銀行不斷利滾利。

瑞士銀行公會發言人曾在二〇一一年一月對《金融時報》（*Financial Times*）表示：「沒有一家瑞士的銀行會在知情的情況下接受貪腐元首的資金，誰會想冒這麼大的風險賠上銀行的名譽。」瑞士信貸的歷史悠久，但也發生過不少醜聞事件。它的創辦人在十九世紀中葉成立瑞士信貸時，瑞士還只是一個農業國家。工業革命在當時已影響德國和法國，卻沒有觸及被群山環繞的瑞士。幾個有遠見的瑞士人想改變狀況，阿爾弗里特・埃舍爾（Alfred Escher）就是其中之一。他來自一個蘇黎世的顯赫世家，父親在美國發跡，在古巴擁有一座咖啡農場。根據德國歷史學家米歇爾・祖斯克（Michael Zeuske）的說法，當時的農場有超過八十名奴僕。埃舍爾在瑞士完成法律學業後，在蘇黎世大學裡任教並擔任國民院議員，甚至出任過幾年的議長。

埃舍爾堪稱是促成瑞士現代化的一位推手，因為他將鐵路帶到瑞士，推動相關法規的制定。身為瑞士東北鐵路公司負責人，他同時也包辦了所有大小事。鋪設軌道、在山裡建造隧道、在山谷間搭建橋樑，都需要大筆資金。雖然法國的金融家願意出資，但瑞士人希望維持自立，尤其是面對這個強大的鄰國。正因如此，「瑞士信用貸款機構」（Schweizer Kreditanstalt）成為「信用貸款領頭羊」於一八五六年七月五日成立，也就是現今的瑞士信貸集團。創辦人埃舍爾的紀念碑後來就站在蘇黎世的車站大街上。

這家小銀行的規模很快就壯大起來。瑞士開始蓬勃發展，從農業國家轉型成為從事國際貿易的國家，當時的瑞士信貸也因而受益。早在一八七〇年，瑞士信貸就在紐約和維也納設立第一家分行。三年後，它遷址到蘇黎世中心的閱兵廣場，建築師雅各・腓得烈希・瓦納（Jakob Friedrich Wanner）在這裡用砂岩建造了一座四層樓高的雄偉殿堂，面積占據了整個廣場。即使現在電車嘎吱作響地駛過銀行門前，腋下夾著報紙或戴著耳機的行人在路上穿梭，當你站在廣場上，試著感受眼前的場景，彷彿就能體會到這棟建築物散發出的力量。距離這裡幾公尺遠，大概走十步穿過一條小街，就是另一家瑞士知名銀行瑞銀集團（UBS）的所在地，不遠之處還有歷史悠久的私人銀行瑞士嘉盛銀行（J. Safra Sarasin）。難怪這個廣場被公認是瑞士銀行業的權力中心，一份頗具地位的瑞士銀行界電子報會取名為《閱兵廣場內的金融報》（*Inside Paradeplatz*）也不無道理。

幾年下來瑞士信貸持續發展，在第一次世界大戰和全球危機中倖存。從第二次世界大戰前夕到戰爭期間，猶太人和納粹都使用過中立國瑞士的銀行祕密服務。我們還深入研究了這段期間的歷史。

第二次世界大戰過後，瑞士信貸的擴張更是從未停歇。一九五四年在倫敦設立據點，緊接著一九五九年在布宜諾斯艾利斯；在一九六三年，它是第一家透過電報聯繫紐約的瑞士金融機構。一九六九年在香港設立第一家分公司，一九七五年在巴林；一九九〇年，瑞士信貸先收購了國內歷史最悠久的瑞獅銀行（Bank Leu），三年後再收購了當時的第四大銀行瑞士大眾銀行（Swiss Volksbank）。似乎沒有任何事能阻礙瑞士信貸的成長，即便在各地都曾傳出銀行醜聞，也沒有造成重大的影響。

直到一九九六年十月十六日，一位身材嬌小的女性出現在位於華盛頓的美國參議院敘說她的故事。在納粹大屠殺中倖存下來的猶太教波蘭女子艾斯特拉・沙佩爾（Estelle Sapir）講起最後一次在鐵絲網旁見到她父親的那天。她的父親試著鼓勵她：「妳一定要活下去。」接著他說道：「妳的生活不會有問題，因為我已經把錢存在銀行裡了。」過沒多久，她的父親就被送到盧布林的馬伊達內克（Lublin-Majdanek）集中營，死於納粹的迫害之下。

這個人就是喬瑟夫・沙佩爾（Joseph Sapir），在二戰前是成功的投資銀行家。一九三九年，納粹突然襲擊他的家鄉波蘭，他便逃往法國。他把財產安全地存放在法國、英國和瑞士等地的銀行裡，然後跟著家人搬到了巴黎。一九四〇年，德國軍隊攻進巴黎，他又繼續逃亡，最後在庇里牛斯山被捕，並遣送到波蘭。

他的女兒艾斯特拉奇蹟似地順利逃亡，並加入法國的抵抗運動。根據《洛杉磯時報》（*Los Angeles Times*）的報導，她學會了炸毀橋樑和火車。

戰爭結束後，她想把家裡的錢逐一從她父親在逃亡途中不斷叮囑她的那些銀行取回。存在英國和法國的錢都順利拿回來了，偏偏就在瑞士遇到問題。因為她只能出示一張一九三八年的瑞士信貸帳戶明細，銀行認為這樣不夠，她被告知還需要一張父親的死亡證明。在她哭著離開銀行之前，她對著櫃台裡的人大吼：「我要去哪裡拿死亡證明？我必須找希姆勒、希特勒、艾希曼和門格勒才有辦法拿到。」她在華盛頓說：「他們明明知道我爸爸在集中營被殺害，我永遠不可能拿到死亡證明。」

艾斯特拉再也沒踏入瑞士。一九四六至一九五七年間，當時不向銀行低頭的艾斯特拉在世界各地二十個瑞士信貸分行試著拿回那些錢，可是都屢屢遭拒。近四萬個猶太家庭和艾斯特拉有相同的命運：大屠殺受難者的家屬在戰後都無法從瑞士銀行拿回已故親人的資產。當時，這些錢在瑞士被視為「失蹤人口」的財產。

艾斯特拉在美國參議院的證詞引發軒然大波。當時的瑞士信貸查到了名為Ｊ．沙佩爾的帳戶，Ｊ就是喬瑟夫，也就是艾斯特拉的父親。在比對資料的過程中，艾斯特拉拿回五十萬美元。她告訴記者：「重點不在於錢，我在乎的是正義。」

在這段期間，我們添購了許多書籍，好讓我們能更進一步了解瑞士的歷史和它的銀行業，甚至有一本多達七百頁關於銀行客戶保密條款的書，到現在還放在書架上。我們請南德日報檔案庫的同仁幫忙提供瑞士信貸的創立、崛起和醜聞等補充資料。隔沒多久，我們就開始後悔了。因為要讀完所有德語區媒體對瑞士信貸醜聞的報導，可能要花好幾個月，就算扣除瑞士當地的資料也一樣。儘管如此，我們還是得調查下去。二〇二一年十月，刊登在《法蘭克福匯報》（*Frankfurter Allgemeine Zeitung*）的一篇文章頭一句話就寫到：「在一長串瑞士銀行醜聞的名單上，絕對少不了一家銀行的名字：瑞士信貸。」

所以我們現在坐在上百篇的文章前面，咒罵著銀行和自己。原本這一年，我們因為新冠疫情幾乎無法旅行，但光憑眼前的這堆紙張，少不了要再次破壞個人的生態足跡。我們曾經因良心過意不去而贊助樹木養護，因為要印的資料實在太多了，如今同樣的情節再度重演。

從一篇名為〈基亞索慘敗〉（Fiasko von Chiasso）的報導裡，我們得知兩億五千萬的瑞郎無緣無故消失；〈格林希爾銀行案〉（Greensill Affäre）則是該銀行因為投資了一家破產銀行，損失了數百萬瑞郎；在〈領路人醜聞〉（Archegos-Debakel）中，因為一家美國資產管理公司倒閉，銀行損失了幾十億。很快地，我們被這些醜聞案弄得頭昏腦脹，失去了方向。

某些時候，我們只是寫下關鍵字，然而就如同《法蘭克福匯報》所說的，清單只會越來越長（雖然內容尚未齊全）。

想看我們記錄了什麼嗎？

二〇〇〇年：眾所皆知的奈及利亞獨裁將領薩尼．阿巴查（Sani Abacha）家族在瑞士信貸存放了數億美元。為此，瑞士信貸在二〇〇二年支付總計七十五萬瑞郎的罰金。

二〇〇一年：法國國營石油公司億而富（Elf）的高階主管挪用了數億法郎，大部分的款項都存在瑞士信貸的戶頭。

二〇〇四年：瑞士信貸涉及一樁日本黑手黨的洗錢案而成為新聞頭條。數百萬的瑞郎在蘇黎世遭扣押。

二〇〇九年：瑞士信貸在美國被罰款五億三千六百萬美元，因為違反伊朗制裁禁令。

二〇一〇年：杜塞道夫檢察機關針對一千一百名瑞士信貸客戶的逃漏稅嫌疑進行調查，連帶銀行行員也因協助而遭調查。此案後續因支付一億五千萬歐元才撤銷。

二〇一一年：因一起俄羅斯的巨額詐欺案件導致金錢流入多個瑞士信貸帳戶，瑞士檢調人員對此提起訴訟。該案後來被撤銷，但數百萬遭沒收。

二〇一二年：美國證券交易委員會指控瑞士信貸誤導投資人，為了平息這場糾紛，銀行支付了一億兩千萬美元，但銀行不認為自己有罪。

二〇一三年：瑞士金融市場監督管理局（Finma）在同年三月做出結論，截至二〇一〇年以前，瑞士信貸屢次未遵守防制洗錢的義務。

二〇一三年：透過離岸解密調查（Offshore Leaks）[3]所曝光的消息，二〇〇七年瑞獅銀行和瑞士信貸所併購的其他銀行整合後所創立的克拉瑞登列伊銀行（Clariden Leu），協助客戶成立空殼公司，該銀行於二〇一二年併入瑞士信貸旗下。

二〇一四年：瑞士信貸在美國坦承幫助美國人逃漏稅。在一場參議院的聽證會上，「逃漏稅造成世界上最大的稅收損失」成為話題。瑞士信貸為此支付超過十億美元的罰款。

二〇一六年：美國證券交易委員會認為瑞士信貸欺騙投資者，銀行必須退還八千多萬美元。同年，美國金融業監管局（Financial Industry Regulatory Authority, FINRA）判瑞士信貸一千六百五十萬美元的罰款，罪名是疏於打擊洗錢活動。

二〇一七年：瑞士信貸與美國司法部達成協議，需支付五十二億八千萬美元。其中二十四億八千萬美元為罰款，剩餘則是給因為不良抵押證券而損失巨額資金的投資人。這些有價證券在二〇〇七年之後所發生的金融危機中扮演關鍵的角色。

二〇一八年：瑞士金融市場監管局譴責瑞士信貸防治洗錢不力。早先已有消息指出，一筆來自拉丁美洲貪污醜聞的資金，經由瑞士信貸帳戶進行投資。同年，瑞士信貸同意在美國支付七千七百萬美元的罰款，因為僱用中國政府高級官員的親屬，據稱是為了報酬豐厚的銀行合約。

二〇一九年：瑞士司法部凍結多個與挪用梵蒂岡資金調查案有關的帳戶，其中也包括瑞士信貸的戶頭在內。

二〇二〇年：瑞士信貸因協助逃稅而受到比利時檢察機關調查。此外，因為銀行幫助保加利亞的犯罪集團洗錢，也在瑞士遭起訴。（本書出版之際，此案的訴訟尚在進行中。銀行向記者解釋：「瑞士信貸拒絕接受這起過去事件的任何指控，並堅信前任員工的清白。」）同時期，西蒙．維森塔爾中心（Simon Wiesenthal Center）[4]自稱握有一份一萬兩千名阿根廷納粹分子的名單，他們可能擁有瑞士信貸的帳戶。

接著還有一件間諜醜聞，導致二〇二〇年二月，當時仍在位的瑞士信貸執行長譚天忠（Tidjane Thiam）辭職：銀行在二〇一九年秋天派私家偵探調查離職的經理，為查出他是否為了競爭，帶走了瑞士信貸的客戶。這位經理發現跟蹤他的人並拍下照片。這樁難堪的事件一發不可收拾。私家偵探威脅經理，想要搶走他的手機，最後卻遭逮捕。手法拙劣的監控任務曝光之後，介紹偵探給瑞士信貸的安全專家就自殺身亡了。

---

3. 國際調查記者聯盟（ICIJ）針對犯罪不法事件進行的調查。
4. 為紀念在二戰中遭納粹殺害的猶太人所創立國際人權組織。

整個事件並沒有因為這起悲劇而落幕，對瑞士信貸來說反而才正要開始。瑞士金融市場監管局發起一項調查，證實瑞士信貸有「嚴重的組織缺陷」。那些負責的人向官方，也向記者否認他們知情。瑞士金融市場監管局對此評論：「銀行公開向我們發出的聲明後來被證實有不完整之處，甚至不屬實。」這也不是譚執行長堅稱的「單獨個案」。不僅如此，共有七名人士遭瑞士信貸跟蹤，包括兩名高層經理和其他員工，還有根本不在銀行工作的外人。

看起來瑞士信貸的客戶並沒有受到這些多到讓人印象深刻的醜聞所干擾；如果他們也曾聽聞這些事的話。光是間諜醜聞案發生這一年，瑞士信貸仍舊募集到四百二十億瑞郎的「新進資金」。

這樣的事還是層出不窮：二〇二一年，瑞士信貸在英國和美國支付總計約四億七千五百萬美元的罰金，因為銀行捲入了一起大規模的賄賂事件。至少有一位銀行人員靠著這起事件致富，最後卻讓整個莫三比克陷入經濟困難。

一切都是單純個案？

累積起來的醜聞數量之多，明眼人也難以想像，瑞士信貸之後要如何生存下去。現在又加上這個內部資料的外洩事件。但銀行目前對此仍一無所知，我們希望是這樣。內部消息走漏對任何單位都很棘手，沒有人會想失去自己資料的掌控權。但對某些人來說，事後的傷害比其他人更大。洩密這種事情發生在皇家馬德里或拜仁慕尼黑的足球員身上肯定會讓人不舒服，但不至於引發災難；要是發生在某家瑞士銀行裡，他們最重要的承諾「絕對保密」就會遭到質疑。

這個祕密就在眼前的螢幕上。我們瀏覽著數千名銀行客戶的資料，然後每隔五分鐘就問自己，這些資料真的可靠嗎？

當然，資料應該是真的，而且我們的確已經握有穆巴拉克兒子們的明顯線索。不過，我們真的有十足的把握嗎？在考慮公開資料之前必須確定這一切。如果最終無法確認這些表面上看起來像內部帳戶的數千筆資料確實來自瑞士信貸，且內容屬實，我們將不會報導這件事。

因此，我們需要更多的資料和交叉比對，更需要能確認我們手上資料的工具，或是揭穿這是偽造的。因此，我們花了好幾個小時瀏覽表格、在Google上搜索姓名、比對帳號和出生日期，看看能不能從多年來收到的其他資料裡找到蛛絲馬跡，能幫我檢驗和確認這些資料。

這些銀行資料對我們來說彷彿似曾相識。曾經有一回，在二〇一四年底，我們也看過類似的表格，上頭有姓名、總金額、最高存款記錄或開戶日期。當時是國際調查記者聯盟

（International Consortium of Investigative Journalists, ICIJ）得到香港上海匯豐銀行日內瓦分行的客戶資料，我們其中兩人也是該組織的成員。一位員工複製了這份資料，他是埃爾韋・法爾恰尼（Hervé Falciani）也是這起事件的吹哨者。他向官方單位提供了來自兩百多個國家、逾十萬多人的資料，其中不乏罪犯、中東皇室成員、敘利亞獨裁者巴沙爾・阿薩德（Baschar al-Assad）的親屬，以及幾個國家的政要。除此之外，我們還發現了疑似血鑽石交易商、軍火商和恐怖分子支持者的相關資料。順帶一提，這個調查工作讓我們有了驚人的收穫，原來一個人可以輕易地「忘記」一個瑞士銀行帳戶。法國明星廚師保羅・博庫斯（Paul Bocuse）就曾聲稱，他不記得在匯豐銀行的日內瓦分行裡有兩百二十萬歐元。

瑞士的銀行業駁斥了這樁洩密事件，並且說：匯豐銀行日內瓦分行很明顯是單一個案，而且完全和瑞士扯不上邊。這家銀行的總部實際上是設在倫敦。「真正」的瑞士銀行從未發生過洩密事件。一直到現在，輪到瑞士信貸，而且不是一家普通的瑞士銀行。

瑞士信貸底下有五萬名員工，兩百萬名以上的客戶，以及在超過五十個國家裡的一百五十多個分行。它在二〇二〇年管理一兆五千億瑞郎的資產，瑞士的國內生產毛額只有近這個數字的一半。瑞士信貸是公認全世界最具系統重要性的三十家銀行之一。[5]

在這份洩密資料中，我們看見許多客戶的聯繫管道，應該是客戶經理鉅細靡遺地記錄下來，包括電子郵件、電話號碼和地址。一個地址吸引了我們注意：慕尼黑的史特拉斯拉赫街，在索倫區的東邊，距離我們編輯部約十公里遠。

一條線索就在眼前。

5.系統重要性泛指營業規模龐大、業務複雜且與全世界頻繁來往之金融性單位，例如銀行或保險公司。

第3章 獨裁者的第二個家

我們撥出號碼後，電話隔了一下子才響起。現在的心情有點緊張，沒有人會每天撥電話給陌生人，詢問他們瑞士銀行帳戶的事情。

撥出的電話號碼和電子郵件來自其中一筆帳戶的資料，帳戶持有人的地址位在索倫區的史特拉斯拉赫街，另外備註了一個東南亞的地址。這名男子是誰一點都不重要，他不是有頭有臉的人或是政治人物，我們也沒有看到任何犯罪證據。簡單來說：沒有人會想知道他是誰。

根據我們的資料顯示，他是瑞士信貸的客戶，而我們想確認這件事。之所以選中他，是因為在他的個資中找到的都是外界感到陌生的訊息。這類型的帳戶無法輕易偽造，也難以驗證。你只要在網頁上點兩下就能找到國家元首的生日，而且隨時都能複製在表格上，若是遇上一般人就不能如法炮製。在我們看來，與他聯繫是做抽樣調查的絕佳起步。

我們透過電子郵件（他的信箱也在資料裡）詢問他與我們交談的意願時，他欣然同意，並表示自己早就不住在德國。這時他接起了電話，我們聽見另一頭些微蒼老的聲音。

「晚安，」他親切地打了招呼，「您是《南德日報》的記者嗎？能再說德語的感覺真好！我能幫您什麼忙呢？」

我們簡單地自我介紹，解釋我們的工作內容，還有我們一直收到大量的資料，然後用它來揭發弊案。很幸運的，他曾聽過巴拿馬文件（Panama Papers）[6]。一位吹哨者在七年前交到我們手中的機密文件，當時還躍上全球的新聞版面頭條。我們向他解釋會不斷隨機檢驗取得的資料，這也是我們打電話給他的目的，想請求他的協助，讓我們能揭發犯罪的事實，但絕對不會報導他的消息。

「聽起來挺有趣的，」他一邊對他的太太喊著：「妳聽，我正在和德國的記者講電話！」他對我們說：「您知道嗎，我太太是在慕尼黑出生的。」

「我們想請教您之前在瑞士的帳戶，」我們小心翼翼地問，「您還記得嗎？」

「當然，我們幾年前就解約了。」接著又補充：「還有它完全合法，我們都有申報。我們之前住過幾個國家，不想一直帶著那個帳戶跑。您懂我的意思吧？」

我們了解以後又詢問得更詳細。電話另一頭的人還記得銀行的名字瑞士信貸，準確說出從一九八四年至二〇一二年持有這個戶頭，連金額都說得分毫不差。另外，我們也想知道，史特拉斯拉赫街的地址和他有什麼關係，他笑著說自己曾短期住在一位遠親家裡。我們詢問他是否同意公開這段對話，他馬上就答應了，問我們還想知道什麼？什麼時候會報導？我們安撫他不用著急，會的，總有一天……

這不過是我們撥出去眾多電話裡的其中一通，目的是為了四處蒐集情報。

我們在資料裡找到下一個可能聯繫的對象，撥了電話給對方，起初他顯得有些猶豫不決。當他隨後坦承當時在瑞士的銀行帳戶「不一定合法」時，我們彷彿可以看見他露出尷尬的微笑；不過一切早就過了法律的追訴期。他說，無論如何，他都願意支持我們為了揭露貪污的調查，所以還是和我們核對了帳戶資料，開戶關戶的時間以及其他細節，一切都和我們在資料裡所看到的內容吻合。第三通電話就沒這麼順利了，電話另一頭對著我們咆哮後就掛了電話。

打電話並不是長久之計，要是某個客戶臨時起意打電話給瑞士信貸，向銀行追問為什麼德國記者會知道他的帳戶？這種做法實在太冒險了。

---

6. 國際調查記者聯盟（ICIJ）揭露的一批機密文件，有關各國政要及權貴在海外隱匿的不法資產。

該怎麼進行下去呢？

我們在資料裡看見一個世界知名的女運動員，出生日期正確，但是我們無法像聯繫曾住在史特拉斯拉赫街的那位男士一樣，輕易地撥電話給她。在我們說出來意之前，她很可能就掛掉電話並且連絡銀行和律師。事實上，我們沒有看見任何她逃稅或從事非法交易的證據，反倒是發現她在瑞士住了一段時間，有一個瑞士帳戶也是合情合理。

好，繼續吧。前喬治亞總理伊萬尼什維利也出現在我們的資料上，以及時任亞美尼亞總統的薩奇席恩。他們兩人的出生日期也正確。兩位都是有錢的生意人，一直一來也都備受爭議。伊萬尼什維利特別受到矚目，因為他幾年前開始與瑞士信貸爭論賠償問題。這位寡頭政治家指控遭瑞士信貸的顧問詐欺，銀行沒有駁斥他的控訴，但認為過錯不全然在銀行這端，是已離職顧問的「個人犯罪行為」。至於薩奇席恩，他的商人作風在亞美尼美經常受到議論，不得不讓人起疑心：他一再利用在家族企業裡的境外公司，這種不透明的做法不符合民眾對位居上位者的期待。我們之後一定會再調查。

我們在資料裡找和某位前任德國大使同一天生日的某個人，還有象牙海岸總理哈米德・巴卡約科（Hamed Bakayoko），他在二〇二一年三月因癌症病逝（二〇〇四年關閉帳戶時，他仍是在位總理）；二〇二〇年過世的阿曼蘇丹卡布斯・本・賽義德・阿勒賽義德（Qabus bin Sa'id Al Sa'id）、南韓總統候選人、阿爾及利亞前總統阿卜杜勒阿齊茲・布特弗利卡

（Abdelaziz Bouteflika），還有無數個名字。

每一個這樣的案例都更加凸顯我們收到的洩密文件的真實性，我們也逐漸明白整起事件所牽涉的全球範圍。慢慢地我們發覺，這些資料不僅是幾篇文章就能交代清楚，它們能說出更多的真相。

我們費心檢驗資料顯然有收穫。帳戶的狀況、日期、備註的國家，到目前為止統統都吻合，讓我們鬆了一口氣。我們無法想像，哪個人會偽造數千筆帳戶，煞費苦心地填滿各種資訊，也無法想像我們隨機連絡的帳戶持有人會對我們說謊。但是這些仍舊不夠，我們需要更多的事證，最好不必再打電話給任何人，就能確定對方確實在瑞士信貸有開戶。我們必須深入挖掘更多消息，像是從穆巴拉克的兒子們開始著手。

他們的父親穆巴拉克曾擔任過軍事飛行員。一九八一年，時任埃及總統安瓦爾・薩達特（Anwar el-Sadats）遭暗殺後他取得政權，往後的三十年都沒有離開過總統大位，直到阿拉伯之春爆發。「穆巴拉克不過是一位飛行員，如何擁有七百億美元？」群眾的質疑聲此起彼落。英國《衛報》（*Guardian*）的一位專家先前曾估算，這位獨裁元首資產總額為七百億美元。

直到二〇一一年二月十一日，穆巴拉克終於下台，埃及人民在開羅的解放廣場上高聲歡呼。他們揮舞著紅白黑的埃及國旗，施放煙火並高喊著：「自由的埃及、自由的埃及。」

穆巴拉克下台不久，軍事委員會接掌政權，並開始尋找這位獨裁者的資金。示威者壓根無法相信穆巴拉克用合法管道取得資產，光靠埃及總統的收入根本無法達成這種財富。瑞士聯邦委員會在穆巴拉克下台後，隨即凍結他本人、他的兒子們以及眾多親信的帳戶。究竟政府單位如何在短時間得知這些祕密帳戶的資訊，沒有人知道。專家猜測，銀行早就準備好名單，就等官方詢問時可以立即提供資料。

這種老戲碼一再地在瑞士上演。歷史學家奧利維爾・朗尚（Olivier Longchamp）曾一針見血地說，瑞士銀行毫不猶豫地收下來路不明的資金，「每位獨裁者或多或少因為顏面自尊會需要一個瑞士的帳戶。」在瑞士藏匿不法所得是一種必要之舉，任誰都看得出這一點。

全球化評論家加恩・齊格勒（Jean Ziegler）在二〇一七年出版的著作《身為瑞士人多美好》（*Wie herrlich, Schweizer zu sein*，暫譯）一語道破家鄉的情況：「接收有意規避稅金的資金，保管藏匿再投資，這就是造就瑞士繁榮的基礎。」他在書裡某些段落嚴厲地斥責：「拉丁美洲、非洲和亞洲的兒童在賣淫、因病過世或忍受飢餓，當地的家庭破碎，成年人找不到工作或棲身之處的時刻，這些國家的『菁英』把靠著貪污、逃稅和剝削人民所得到的數十億藏在瑞士，替我國的銀行帶來巨額的收入（手續費或管理費）。」

雖然我們可以舉證，但沒有任何法律明文規定反對獨裁者開戶。此外，根據瑞士法律規定，「任何有意阻撓調查、追蹤或沒收有價資產的人」已觸法，最重要的是，這個人一定會被假定具犯罪意圖。由於埃及總統的收入不到幾百萬，而穆巴拉克（至少就官方說法）沒有擁有任何公司，也沒有繼承相應的財產，因此才出現這樣的質疑。英國政治學家傑森．沙曼（Jason Sharman）在他的著作《獨裁者的財富管理指南》（*The Despot's Guide to Wealth Management*，暫譯）中評論：「儘管各個統治家族的貪污程度和細節不明，但他們靠著挪用公款，過著遠超過自身財力的生活卻是不爭的事實。」沙曼嚴厲譴責瑞士銀行提供存錢的管道給這些獨裁者。

事實上，醜聞事件在過去幾十年以來不斷浮上檯面，而且都與獨裁者在瑞士的資金脫不了關係。八〇年代，出現綽號「爸爸醫生」的海地獨裁總統弗朗索瓦．杜瓦利埃（François Duvalier）和菲律賓總統斐迪南．馬可仕（Ferdinand Marcos）；九〇年代，墨西哥總統卡洛斯．薩利納斯（Carlos Salinas）和剛果民主共和國總統蒙博托．塞塞．塞科（Mobutu Sese Seko）；二〇〇〇年初期，曾有報導指出賴比瑞亞獨裁者查爾斯．泰勒（Charles Taylor）把錢藏在瑞士的帳戶裡；還有奈及利亞獨裁統治者阿巴查和他的家族，在瑞士暗藏了一筆巨款，如前所述，就是在瑞士信貸；二〇一四年遭罷免的烏克蘭總統維克多．亞努科維奇（Viktor

Yanukovych）也在瑞士存了數百萬的瑞郎；利比亞統治者穆安瑪爾・格達費（Muammar al-Gaddafi）被指稱擁有瑞士帳戶，隨後證實就在瑞士信貸；接著就是突尼西亞總統宰因・阿比丁・班・阿里（Zine el-Abidine Ben Ali），當然還有穆巴拉克。

我們不必自己逐一搜尋這些事件，因為瑞士的外交部，當地稱作「瑞士聯邦外交事務部」（Eidgenössisches Departement für auswärtige Angelegenheiten, EDA），已經列舉出在瑞士存款的獨裁者名單並集結成冊。除了先前提過的大人物之外，我們在裡面還找到了前任馬里總統穆薩・特拉奧雷（Moussa Traoré）和前秘魯特勤局長弗拉迪米羅・蒙特西諾斯（Vladimiro Montesinos）。這本外交部手冊是瑞士規劃出一套模範機制的記錄，用來防堵「高達數億的可疑資金」，並將這些錢退回原來的國家。截至目前為止，瑞士已退回了二十億資金。二〇一六年的資料顯示，有一部分退回奈及利亞（阿巴查）、秘魯（蒙特西諾斯）、或是安哥拉（遭官員挪用的資金）。

這本手冊有個令人玩味的題名叫做《拒絕權貴資金》，內容列出多年來在瑞士藏匿資金的有錢人。直到這些人在自己的國家失勢、罷免或流亡，瑞士才開始對與他們相關所有的弊案採取行動。也只有在這個時候，瑞士才嘗試透過外交，有時是經過縝密的安排，試圖凍結並退回那些錢（例如阿巴查和他的周遭人士被宣稱是犯罪組織）。雖然不是每回都奏效，卻因為直接把錢用於慈善事業，偶爾結果反而超出預期。瑞士還為此在文字媒體上大肆讚揚自己（「先鋒者瑞士」、在「追緝不法金錢」中扮演「全球領導角色」），同時提出有利自己的論點。不過，大家都忽略了一個極為重要的面向，也只有受邀撰文的印尼財政部長、前世界銀行「常務董事」斯莉．穆莉雅妮．英德拉瓦蒂（Sri Mulyani Indrawati）批評說：被權貴盜用的這些資產早就「找到通往金融中心的路」。

「沒有一家金融機構」能退給「遭盜款國家」如此龐大的金額，或許就這一點來說，瑞士不該歡欣鼓舞地讚揚自己的功勞。原因在於，其他銀行裡根本就沒有那麼多獨裁者的資金。大家難道不想問，這些被侵占的錢為什麼偏偏就落腳在瑞士？哪一個環節出了問題？以及一個很關鍵的問題：為什麼常常要等政權垮台後，瑞士才有積極作為？要讓這些獨裁者能夠先盡情享受他們的財富嗎？

類似的問題也曾於二〇一八年出現在瑞士線上雜誌《共和國》（*Republik*）一篇措詞犀利的文章裡：「為什麼一定要等當權者下台後，銀行才通報他的瑞士帳戶？」還有，「為什麼貪污指控幾乎都是來自外部？為什麼都是由別的國家先開啟調查？為什麼銀行不在一開始就通報涉嫌貪污的高層官員有他們的帳戶？」

這些問題仍舊未解。

因此，我們繼續追蹤資料裡的線索，循著瑞士官方和埃及政府在阿拉伯之春時所走過的類似途徑。當時，許多人不只對穆巴拉克的家族資金，也對他身邊最親密知己的財產感興趣，尤其是一個非常特別的知己，一位名叫侯賽因・薩勒姆（Hussein Salem）的男人，他可能是這位國家元首最要好的朋友。

這位企業家一九三三年出生於開羅，直到阿拉伯之春的高峰時期，他都是埃及最有錢的人之一。他與穆巴拉克的關係十分密切，記者們還戲稱他是「穆巴拉克的替身」。薩勒姆經營能源事業而收入數十億，正因他親近掌權者也因此沒有受到任何的損失。

我們找的資料越多，就對這個男人更加感到興趣。根據瑞士媒體的報導，穆巴拉克下台後，薩勒姆就經由杜拜抵達瑞士。二〇一二年，瑞士《週日早報》（*Le Matin Dimanche*）報導了一個瑞士信貸的帳戶。

這不過是開頭而已。

事實上，我們在資料裡看見不少的帳戶。其中一個歷史最久遠的是薩勒姆在一九七四年所開的帳戶，有些是以他個人的名義，有些則是他也能動用的公司戶。有些帳戶在巔峰時期曾有七位數的存款，如果把全部帳戶金額加總起來有將近兩億瑞郎。他所有的帳戶開頭都是一串數字，代表瑞士信貸的日內瓦分行。我們在網路上的非官方組織公眾眼（Public Eye）的反貪腐研究網站找到一份能佐證的歷史文件，應該能證明他曾在瑞士信貸開戶。上頭寫著一九七四年，年代相符，查證屬實。

我們在網站上的歷史文件中也看到一組帳戶號碼。其實，我們在洩密文件裡看見一組瑞士信貸帳號的辨別碼裡（一九七四年開立的帳戶）也讀到了這組數字。

根據《週日早報》的資料，薩勒姆幾十年來都用這個帳戶支付佣金，也就是不法回扣。做法就是：一位商人透過政治人物得到合約，並且獲得高於實際報酬的巨款，這位政治人物能得到其中一部分做為回饋。因為商人給了這些回饋，所以才說是「回扣」，這裡也可以說成「回佣」或是「退佣」。二〇〇二年薩勒姆的一位生意夥伴因此遭判刑，原因是他透過這個帳戶收到四百二十萬的瑞郎。儘管如此，當國際刑警組織因涉嫌貪污罪名追緝薩勒姆時，瑞士信貸仍舊把他當成客戶。二〇一二年薩勒姆在西班牙遭臨時逮捕，二〇一六年他與埃及政府達成協議：他願意放棄四分之三的財產換取撤銷對他的所有指控。沒有人知道他是否在協商過程中也公開他的瑞士帳戶，我們也不可能詢問他本人，因為二〇一九年他已在馬德里過世。從我們的資料來看，他在瑞士信貸裡最少還有一個帳戶直到二〇一六年都還有交易記錄。

所有事件顯然對銀行不利。在阿拉伯之春的推波助瀾之下，瑞士政府凍結了總計十億瑞郎，存在瑞士信貸的款項就占了絕大部分。一般來說，各國的檢調單位在這之前會進行相關的調查，在獨裁統治者下台後，他們會分頭進行工作。在這些事件當中，公共新聞平台瑞士快訊（Swissinfo.ch）甚至寫到，「瑞士銀行和政治領導人物被指控相互勾結，在各個國家裡建立起全面貪污制度。」

對我們的調查來說這是一個好消息。資料裡面有穆巴拉克的兒子們和密友，就很有可能還存在著其他中東的獨裁者和協助他們的人。

我們從先前調查過的相關資料裡翻出筆記，馬上就查到在二〇二〇年過世的穆罕默德・馬赫盧夫（Mohammed Makhlouf），他是敘利亞獨裁總統阿塞德的舅舅，在一九九三年開了一個帳戶。馬赫盧夫家族在敘利亞的名聲不佳，因為他們多年來和阿塞德非常親近，並且獲得許多金錢上的好處。此外，我們也查到一個二〇一一年才關閉的帳戶，持有人是在葉門擔任三十多年情報局局長的加勒布・穆塔賀・阿爾卡米西（Ghaleb Mutaher Al-Qamish），而他可能已經想好緊急應變方案了。

然後就是利比亞。

我們曾經在二〇一六年追查過格達費那筆不知去向的資產。和穆巴拉克一樣，格達費幾十年來獨裁統治利比亞，一直到當地的人民起來反抗。最後他死了，不過追查資產的行動直到今日仍在進行。

格達費的數百萬財產已在義大利、德國和美國被尋獲，還有很大一部分仍下落不明。他透過匿名空殼公司、祕密帳戶和不透明的公司等多層手法私下累積的財富難以想像，石油就是他致富的來源。專家估算，曾任軍官的格達費應該擁有一千至兩千億美元。研究人員曾調查利比亞靠著石油輸出的收益，以及國家財政支出的趨勢，他們發現多年來存在數十億資金的缺口，並推論這位獨裁者一定侵吞了這筆巨款。

有一個既定用語「資產追回」（Asset Recovery），用來描述退回獨裁統治者所侵占的資產，以及聯合國的一份協議，簽署的國家有義務追查並歸還遭挪用的資金。

利比亞的過渡政權在格達費死後成立了自己的機構並提供懸賞獎金。因此，利比亞的調查人員、外國偵探和想碰運氣的人（又稱做「百分之十的幸運者」，因為可以獲得總金額的百分之十為獎賞）都投入追查的行列，利比亞國會甚至為此在二〇一四年籌組了一個專門的委員會。一些線索將這群找尋格達費失落財產的獵人帶到了南非、英國和杜拜，同時也追查到幾個中東獨裁者的親信。

在找資料的過程中，我們聽到一位參與追查行動的利比亞女士說，一位名叫阿里・易卜拉欣・達拜巴（Ali Ibrahim Dabaiba）的男子是關鍵人物。他過去曾是格達費家族的人，屬於

「領導的左右手」，就是俗稱的利比亞派系。他是國家最大機關行政中心發展組織（ODAC）的董事，多年來批准了高達數十億的標案。利比亞的調查人員指出，許多合約都發標給達拜巴家族有關係的公司，達拜巴還曾遭國際刑警組織追緝。

當會計師在格達費垮台後仔細審查行政中心發展組織的標案時，發現了一筆重覆的帳目。格達費的前任顧問後來向調查人員解釋，很早就注意到標案內容有出入，可是沒有進一步調查。理由是，格達費本人連同他的兒子們「干涉組織運作」，而達拜巴涉嫌私藏大筆的國家財產。

這次與我們合作的組織犯罪與貪腐舉報計畫（Organized Crime and Corruption Reporting Project, OCCRP）是一個全球性的調查組織，我們留待之後章節再做介紹。他們曾在二〇一八年查到達拜巴在賽普勒斯至少擁有十六個銀行帳戶，總金額高達數百萬美元。這絕對超過他過去在行政中心發展組織所累積的薪水，他的年薪相當於一萬五千六百美元。

根據組織犯罪與貪腐舉報計畫的消息，一位名叫艾哈邁德・L（Ahmed L.）的利比亞商人幫助達拜巴建立了他的空殼公司版圖。艾哈邁德也擁有多個瑞士信貸的帳戶，在他二〇一四年過世後就都關閉了。（他家族聘請的律師解釋，艾哈邁德一直「依法」行事。）我們在組織犯罪與貪腐舉報計畫裡讀到一篇有關達拜巴的文章：艾哈邁德的首席會計師曾在二〇〇〇年寫信給一位瑞士信貸的經理表示，艾哈邁德被授權可以代表達拜巴處理「瑞士信貸的帳戶」。

這麼說來，達拜巴有數個瑞士信貸的戶頭。很幸運地我們的資料裡也有記錄。事實上，我們查到一個用達拜巴名義開立的帳戶，一九九〇年開戶，二〇一二年關戶。此外，我們也發現一個英國人名下有多個帳戶，根據我們的資料，他因為與達拜巴有所關連，已經多次引起利比亞調查人員的注意。

利比亞的調查人員是否對這個發現感到興趣還無法確認，因為自二〇二一年五月就任的利比亞總理，在這期間負責尋找格達費隱藏的資金。這位總理就是達拜巴的堂弟阿卜杜勒．哈米德．達拜巴（Abdul Hamid Dabaiba）。

我們一邊把找到的資料重新集結起放在桌上，一邊進行分類。穆巴拉克、達拜巴和薩勒姆三人皆在阿拉伯之春爆發之前就在瑞士信貸開戶，同時存入資金。當突尼西亞爆發抗爭，緊接著埃及、巴林、葉門、約旦也陸續跟著起義；上千名示威者因此喪命時，不少銀行的客戶經理可能都倒抽了一口氣。不久之後，格達費在一個下水道被捕並遭殺害；穆巴拉克被軟禁，然後被起訴；同時，葉門總統阿卜杜拉．薩利赫（Abdullah Saleh）先逃往沙烏地阿拉伯，接著辭職下台。

二〇一一年初，約旦也發生大規模的示威活動。雖然歐盟及美國都向約旦示好，民眾擁抱言論自由的情緒也越來越高漲，但很多人民過著貧窮的日子，深感極度的無助。這股怒火也燒向約旦國王阿卜杜拉二世（King Abdullah II. bin al-Hussein），憤怒的抗議人士早就稱阿卜杜拉二世和他的心腹們是「阿里巴巴二世與四十大盜」。

我們在資料裡找到六個瑞士信貸的帳戶，顯示都歸國王的公司所有，讓統治者的簡樸形象崩毀。阿卜杜拉二世從二〇〇八至二〇一四年期間所開立的幾個帳戶，最高記錄曾有數百萬瑞郎。就在援助發展的數十億資金湧入約旦之際，他的財富也在同步累積中。根據德國政府的資料，光是德國每年就資助約旦超過一億歐元，二〇一九年更超過五億一千萬歐元。（阿卜杜拉二世的委任律師團在本書出版之前錯過了兩次回覆的期限，卻間接證實他持有瑞士信貸的帳戶。）

當教師、退役軍人、勞工、左派人士和學生所組成的抗議聯盟在安曼的街頭遊行時，阿卜杜拉二世依照慣例開除政府，特別是當事情不如他預期的時候。這是十二年以來的第八次。首相薩米爾．里法伊（Samir Rifai）在二〇一一年二月一日辭職，反對黨迅速呼籲對貪污進行調查。事情還不止這樣而已。

我們發現：幾個月後，里法伊在瑞士開了一個帳戶，他原先已經有一個瑞士帳戶，兩年後再開了第二個，這一次是和他太太一起開了一個公司戶。帳戶的總金額有時加起來超過一千萬瑞郎。這位被開除的首相面對每項不法行為的質疑都予以反駁並解釋：「阿拉伯之春延燒之際，哪個政府官員沒有被指控貪腐。」

隨著我們挖掘出來的資料越來越多，瑞士信貸的問題也一一跟著浮現。單一案件多半可以解釋，但我們在幾週之後可以確認資料裡的問題案件出現頻繁，也讓我們猜測可以找出更多蛛絲馬跡。銀行似乎沒有仔細把關他們的客戶，這正是我們要調查的事。我們想確認是否還有更多的「邪惡之人」：動用私刑的人、獨裁者的親信、情治人員等。為此，我們一定需要來自這些國家、認識這些大人物的夥伴們。

我們需要支援，因此決定再次召集已經合作過幾樁國際案件——巴拿馬文件、盧森堡洩密案（LuxLeaks）、中國電文（China Cables）[7]以及其他案件，來自全球眾多的調查記者組成團隊。我們的團隊規模取決於案件的大小，有時是四百名，有時是四十名。

而且我們非常肯定：一旦我們講起握有一家瑞士知名銀行的祕密資料，被徵詢的人多半會想即刻加入調查。

7. 盧森堡洩密案：盧森堡會計師事務所的三位員工舉報，該事務所幫助許多跨國公司非法逃稅。中國電文：居住在荷蘭的維吾爾人把新疆再教育營的資料提供給國際調查記者聯盟，揭露中國政府迫害當地居民的事實。

在這期間能做的就是尋找資料中出現的德國人。雖然在這份資料裡的德國人顯然占少數，仍然可以篩選出幾百位德籍人士。接著我們按照他們帳戶的最高存款金額排序，結果讓人嚇一跳。有些德國人居然擁有九位數的存款！還有真正讓人驚訝的：不管是過去或現在擁有五千萬瑞郎，甚至更高金額的這群人，我們從來沒聽過他們的名號，連Google也找不到這些人的名字。

為了對這些帳戶持有人有初步的了解，我們開始澈底研究這些名字。過程中，一個叫艾德華．塞德（Eduard Seidel）的人讓我們愣住了。他的某個帳戶裡，在「最高餘額」那一欄，看到了驚人的五千四百萬瑞郎。然而，塞德既不是皇室後代，也不是運動明星或寡頭獨裁者。他怎麼有辦法累積這麼大筆的財產？

不到幾分鐘，我們靠著幾篇英文的公開資料得知：塞德是西門子的高級主管，他涉入二〇〇六年的西門子賄賂事件，這是德國史上最大的醜聞。塞德多年來在奈及利亞擔任西門子主管，在當地賄賂了一個又一個的高層政治人物。因此他被德國的調查人員盯上，當然還有奈及利亞的。他於二〇〇八年在慕尼黑被判刑。

這個人居然有這麼多的錢？我們腦海裡的問號越來越大。我們瀏覽過資料後確定，塞德其實同時擁有多個瑞士帳戶。其中最讓人好奇的是二〇〇六年初就存了五千四百萬瑞郎的帳戶，那是在警方和檢察單位搜索西門子總部和醜聞發生前的幾個月。我們還注意到，資料上顯示，案件發生後的十年，也就是二〇一六年，塞德在一九八九年開立的帳戶裡面還有超過一千萬的瑞郎。

不得不說，這真的非常難以置信。塞德如何取得五千多萬瑞郎？這些是西門子的錢嗎？繞了一大圈，我們該回到獨裁者身上了。西門子事件之所以能夠查出來，是因為瑞士的調查人員在九〇年代末期從奈及利亞獲得消息，該國前獨裁統治者阿巴查經由瑞士的帳戶獲得幾百萬的賄賂款項，西門子也參與其中。

第4章 精心編排的童話故事

我們開啟一個又一個訊息，麻痺債務人在裡面解釋他的做法，清晰的描述總是讓人安心。此外，他也抱怨沒有加入所謂稅務用途資訊自動交換（AEOI）[8]的國家，面對具有法律效益的銀行客戶保密條款的避稅天堂時根本毫無招架之力，因為許多公司和富豪能藉此逃稅，甚至透過不合法的企業洗錢。

同意加入稅務用途資訊自動交換的國家，一年至少會交換一次帳戶持有人的資訊，交換

8. 經濟合作暨發展組織（OECD）於二〇一四年所發布之規定，期盼透過國際合作交換稅務資訊，防止各國納稅人於海外金融機構隱匿財產並逃漏稅。

的項目有：稅號、出生日期及地點、帳戶餘額，包括利息和股息。德國聯邦政府因此就會得知，自家公民是否在法國開了帳戶以及裡面有多少錢，然後就能做為徵稅的基本依據。

麻痺債務人所描述的觀點鮮少在瑞士國內受到討論。其他的國家，尤其是貧窮的國家，不得不無奈地看著瑞士封鎖所有的資訊。這些國家的民眾望著貪污的權貴將大把金錢往國外送（通常是原本屬於國家的錢）卻無能為力。第三章所提到的印尼經濟學家和政治家英德拉瓦蒂就明確地指出：「當政治公眾人物賺飽私囊，也剝奪了人民脫離貧困和苦難的機會。不能讓那些中飽私囊的人還有協助他們的共犯逍遙法外，也不該提供他們藏身之處。」這個觀點已經被提過無數次，沒有人感到懷疑，卻在瑞士銀行的爭論上沒有發揮任何作用。

許多國家都曉得銀行客戶保密條款，德國也是。誰都無法隨意進入一家慕尼黑、法蘭克福或柏林的銀行，並詢問其他人的帳戶餘額。即使銀行客戶保密條款在德國非屬法律規定，銀行在開戶時仍須承擔不得向第三方洩漏任何資訊的義務。但是像德國檢察機關一樣的官方單位，在有合理要求的情況下，或許就能調閱某些帳戶的資訊；同樣的，基於法律調查的需要，國外單位也能依循像在德國一樣類似的管道請求協助。德國在銀行保密義務這方面就相對地寬鬆。如果說德國的銀行保密義務靠近光譜的一端，瑞士就是在遙遠的另一端。就連瑞士國內的官方單位都無法為了調查稅務向銀行要求帳戶資料，國外的單位就更加不可能了。

瑞士銀行法第四十七條中已載明了歷史悠久的瑞士銀行客戶保密條款的宗旨。規定明確指出：任何人蓄意洩漏受「銀行機關、僱員、委託者、銀行清算人」或是審計公司委託之機密，將處以「最高三年的監禁或罰金」；意圖「引誘他人違反職業保密原則」者，或「將自身洩密行為告知第三者」，或為個人或他人利用該祕密將面臨同樣刑責。

如果「藉由該行為替個人或為他人謀得獲利」，洩密者須面臨加重刑責，最高五年監禁，且此舉根據瑞士法律已屬「觸犯刑法」而不再只是「違反規定」而已。

簡而言之：根據銀行法第四十七條規定，傳遞銀行內部資訊是違法的。這項規定也適用於多數普遍的情況，包含不能透露任何人是否擁有銀行的戶頭，就連說出某人**沒有**在特定銀行開戶也同屬違法。基本上，所謂的「洩密禁令」也適用於國家政府單位，只有少數例外情況。因此有些評論家也把它稱做「無人知曉逃稅管道」，因為多虧了這條規定，帳戶持有人就不必對國家透露自己的帳戶訊息。從用語上就能看出反對和支持銀行法第四十七條的不同立場，擁護者稱之為「銀行對客戶的保密義務」。此外，這項規定也適用於當地居民身上。如果一個瑞士人在伯恩的某家銀行開了戶，蘇黎世的稅務機關也無從得知。

乍看之下，這條法律意味著我們可能觸法了，因為我們早就打算好，之後要向「其他人」公開「別人透露給我們的祕密」。坦白說，是要讓很多人都知道，連同這本書的每一位讀者，人數甚至有十萬以上。

當我們在加密信箱發現瑞士信貸的資料時，第一個讀到麻痺債務人消息的人是不是就要保持沉默？我們不該再透露資料內容，甚至絕口不提，才不會讓自己面臨刑責？倘若如此，我們不就無法找出弊端和查證了。

為了釐清這個問題，我們約了《南德日報》的律師團做諮詢。誰都不想下回到訪瑞士時被逮捕。此外，我們也想弄清楚，這項法律規定對瑞士的記者們會有什麼影響。一般來說，每回遇上與瑞士有關的議題，我們會和當地的媒體一起合作。這項規定對他們來說又代表著什麼樣的意義？

同時我們開始去了解這條影響深遠的法律規定的由來。事實上，瑞士銀行的保密制度起源可以回溯至十八世紀。早在一七一三年，日內瓦州議會就禁止銀行分享客戶的資料，不過也僅限於在該州的管轄範圍內。一百五十多年以後，一八七二年巴塞爾城市州的刑法法典問世，被視為銀行客戶保密條款的先驅。

一九一五年，幾位國民院裡的社會民主黨人士呼籲，銀行應該要提供給稅務機關徵稅所需的資料，卻引發反對聲浪。來自圖爾高州（Kanton Thurgau）的保守黨政治人物阿爾方斯・馮・斯特倫（Alfons von Streng）認為此舉「危害銀行合法利益」，甚至還說出這樣好比是

「嚴刑審訊」。最後僅有十九票同意，九十七票反對此提案。

四年後，一九一九年，社會民主黨再次提出類似的要求，「瑞士銀行業代表協會」在其年度報告中評論，此舉有違「傳統的保密原則」，必定會引起擠兌風潮，連帶打擊銀行業的營運。

同年，德國首度實施徵收財產稅。第一次世界大戰剛結束，普魯士王國走入歷史，國庫也虧空殆盡。甫成立的威瑪共和國的第一任財政部長馬蒂亞斯．埃茨貝格爾（Matthias Erzberger）引入了「帝國緊急犧牲稅」（Reichsnotopfer）[9]，想藉助一次性的特別稅收提高國庫的收入；此外還能支付凡爾賽和約簽定的戰敗賠款。這項計畫終告失敗，擁有微薄財產的居民受影響最深，因為那些應該上繳最多稅金的人把資產移至海外，或是拖延付款時間。

正如歷史學家塞巴斯提昂．古克斯（Sébastien Guex）所述：瑞士在這個時候已經看出，鄰國的資金外移是促進自家銀行經濟發展的良機。古克斯還說：「然而瑞士銀行業很快意識到，許多國家上調稅率也替他們創造出賺錢的機會：吸引國外的資金存放在瑞士，以此因應高居不下的國家稅金。」

9. 為填補因戰爭而虛空的國庫，以及償還戰敗後高額賠償，政府向個人或公司，依其財力狀況，徵收百分之十到百分之六十五的稅金。

瑞士銀行的保密做法從遵守傳統轉變成商業手段。

誠如瑞士歷史學家克里斯多夫・法奎特（Christophe Farquet）在其博士論文中指出：雖然嚴格的銀行客戶保密條款在此時還未納入法律，也尚未適用於全國，但瑞士在國際上已被認為是保密功夫最完善的國家，甚至已經是避稅的天堂。此外，他引用了一九二五年派駐在國際聯盟（Völkerbund）的瑞士記者所記錄的話：其他國家質疑瑞士是「非法外移資金的藏身之處」。

在一次法國警方的搜捕中證實了這件事。警方在一九三二年十月搜索巴塞爾商業銀行（Basler Handelsbank）巴黎分行，並逮捕兩名行員。一名吹哨者向警方線報，揭發數百個帳戶持有人逃稅的事實。在搜索過程中，調查人員撞見銀行客戶手上拎著裝滿鈔票的袋子。調查行動跟著擴大，最後發現約兩千人為了逃稅，對政府隱匿個人資金，其中不乏一些國家的富豪、兩名主教、多位將軍、三位議員，還有已卸任的部長。

當時就已經有吹哨者注意到瑞士銀行的所做所為，就在德國檢調人員買下「逃稅者光碟」[10]的幾十年前；其他國家也追查到自家國民借助瑞士銀行逃稅。「間諜」當時在瑞士蔚為話題，特別是講到德國人阿圖爾・皮凡（Arthur Pfau）。他曾在一九三二年試圖說服瑞士的銀行行員蒐集德國客戶的資料，因而被逮捕並遭驅逐出境。但他不是唯一的一個。一位歷史學家寫到「許多人前仆後繼地嘗試」，也看得出德國政府單位偶爾直接參與其中。

瑞士媒體、銀行和民眾普遍的看法一致：德國的調查行動和批評是對瑞士的攻擊，一場「名副其實的仇恨運動」。一九三四年擬定銀行法時，瑞士司法部門的代表甚至直截了當地提到「來自國外的銀行間諜」。一九三四年十一月八日，瑞士正式通過這條法律，銀行客戶保密條款才真正誕生。但是，實際上，這項規定早就行之有年。

歷史學家羅伯特・烏爾斯・沃格勒（Robert U. Vogler）曾在瑞士銀行集團（UBS Bank，後稱瑞銀集團）服務過很長一段時間。他在二〇〇〇年的《瑞士月刊》（*Schweizer Monatsheften*）中提到銀行客戶保密條款是「在國家層面上額外創造出來的法律根據」，目的是「保護來自世界各地的銀行客戶」。實際上，銀行客戶保密條款早就存在多年，但並不受「司法管轄權的約束」。

在一九三四年問世的銀行客戶保密條款，首度明訂違反者即觸犯刑法。在這之前，僅有銀行和客戶之間能互相傳遞穩私的資料。如今在某種程度上，國家現在也為這些祕密做了擔

10. 德國政府為了查緝國內逃漏稅案，購買遭洩漏的瑞士銀行個資。

保。

這項法案在當時順利地表決通過。國民院裡只有一人反對，其餘一百一十九名代表都贊成；在聯邦院，也是瑞士的上議院，各州代表一致投下同意票。根據歷史學家史蒂芬・陶伯樂（Stefan Tobler）的說法，這項法律「幾乎是無聲無息」地通過了，無論是在國會或是公眾場合都沒有異議。陶伯樂在《瑞士銀行保密條款之戰》（*Der Kampf um das Schweizer Bankgeheimnis*，暫譯）一書中寫道，「是誰發起了這條引發軒然大波的銀行法第四十七條」至今仍未知。能夠確定的是，這項法律在一九三五年的三月一日正式生效。

該法通過的前兩年，即是一九三三年，納粹在德國執政，隨即開始鎮壓並迫害反政權者和少數民族，其中少部分的人還能順利地逃到瑞士，在當地開戶並把錢安全地放在戶頭裡。迫害他們的人也把錢存在瑞士，彼此甚至會在當地見到面。像是納粹時期的經濟部長亞爾馬・沙赫特（Hjalmar Schacht），以及後來遭判刑的納粹戰犯赫爾曼・戈林（Hermann Göring）和約阿希姆・馮・里賓特洛甫（Joachim von Ribbentrop）。當時的德意志帝國銀行將成噸的黃金運送到瑞士，以換取等值的外匯。

瑞士信貸早安排好自己在二次世界大戰時要扮演的角色，結果也沒能替銀行（當時仍是瑞士信用機構）增添任何光采：首先，它參與了所謂的「雅利安化」[11]。瑞士信貸自家的歷史學家喬瑟夫・揚恩（Joseph Jung）在他的《從瑞士信貸機構到瑞士信貸集團》（*Von der*

Schweizerischen Kreditanstalt zur Credit Suisse Group，暫譯）書裡寫道：「明知道這些客戶是受到納粹政府的強迫才匯款，銀行還是接受他們的委託。」不僅如此，銀行還買進被掠奪的財物和黃金，「儘管它知道，或者說足夠謹慎的話應該知道這麼做違反了國際法。」此外，形形色色的納粹分子都在瑞士信貸開戶，其中包含四名在紐倫堡大審中遭判刑的無名戰犯。所以除了里賓特洛甫和戈林以外，還有兩名人士。

此時，瑞士的銀行業祭出聯邦政府始終堅持的一項原則：保持中立。自維也納會議（一八一四／一八一五年）以來，瑞士面對世界各國的紛爭時不再選邊站。就像在十九世紀時，瑞士夾在法國和奧地利兩大強權之間，還有在一戰及二戰時一樣保持中立的態度。背後的緣由其實很簡單：只要不選邊站，就不會在任一方失勢時跟著落敗。比起只做一邊的生意，跟敵對的雙邊交易能獲取更多的利益，中立的態度運用在商業上準不會吃虧。當時，連同瑞士居民在內的很多人都對瑞士接受納粹開戶感到吃驚。瑞士作家弗里德里希・迪倫馬特（Friedrich Dürrenmatt）為此寫下：「瑞士替各國的犯罪行為把風」，「讓我們蒙羞的正是自己號稱乾淨的雙手」。

一九四五年五月八日二戰結束時，歐洲多半的土地都是一片廢墟，數百萬人喪生，許多

11. 納粹從猶太人手中奪取財產並將其轉移給非猶太人。

人流離失所、離鄉背井且身無分文，活下來的人被迫面對飢荒及寒冬。首要之務就是清理廢墟。

反倒是瑞士基本上仍完好無恙。一九四四年，當義大利游擊隊為躲避法西斯黨人逃到瑞士昂塞爾諾內山谷時，有幾顆炸彈不小心落在瑞士領土和幾枚子彈飛過邊境，但瑞士的產業完全沒有受到影響。「瑞士在戰爭時期還賺到了錢，說起來很可恥，卻是不爭的事實。」美國歷史學家喬納森・斯坦伯格（Jonathan Steinberg）在他的代表作《為什麼是瑞士?》（*Why Switzerland?*，暫譯）如此寫道。

在戰後的幾年裡，瑞士的銀行業經歷了真正的繁榮，瑞士很快就成為僅次於倫敦和紐約的世界最大金融中心。全世界的權貴喜歡搭著私人專機到訪瑞士，也因此在當時引發國外的批評聲浪。根據歷史學家陶伯樂的觀察，瑞士「長期涉嫌用銀行客戶保密條款當藉口——做為金融隱私的基地——進行不正當的交易。」曾任英國首相的工黨議員哈羅德・威爾遜（Harold Wilson）在一九五六年曾形容瑞士是「不正當財富的避風港」，說的就是來自海外，尤其是貪污權貴手中的不法所得被帶到了瑞士。一九六二年，荷蘭參議員保羅・卡普坦（Paul Kapteyn）在史特拉斯堡的歐洲理事會上批評：「這些錢沾著鮮血。」

調查報導記者湯姆・鮑爾（Tom Bower）在其著作《猶太人的黃金：瑞士和消失的納粹財產》（*Nazi Gold: The Full Story of the Fifty-Year Swiss-Nazi Conspiracy to Steal Billions*

From Europe's Jews and Holocaust Survivors，暫譯）追溯瑞士銀行在二戰時的角色，他一語道破：「保密條款的獨特性讓一票瑞士銀行家坐享其成，比起多數人，他們顯得更貪婪且道德淪喪。」

美國記者兼歷史學家西奧多・里德・費倫巴赫（Theodore Reed Fehrenbach）的一本書刻畫出座落在阿爾卑斯山的黑錢堡壘形象。出版於一九六五年的《瑞士銀行》（*The Swiss Banks*，暫譯）在當時成為暢銷書籍。費倫巴赫彙集了瑞士銀行不堪的一面，像是共產黨透過瑞士金融公司資助間諜、被搶奪和竊盜而來的金錢就藏匿於此、瑞士樂意協助逃稅，助長貪污行為。全球的媒體隨後加入報導行列，回應排山倒海而來，德國《明鏡週刊》（*Der Spiegel*）、法國《快訊週刊》（*L'Express*）、美國雜誌《新聞週刊》（*Newsweek*）都對瑞士提出批評。就連和財經界交好的《金融時報》也譴責了「瑞士對銀行客戶保密條款的狂熱」。

如同瑞士銀行公會年度報告所呈現，瑞士金融機構對此的反應是「在各國媒體上刊登有關瑞士銀行的澄清文章和資訊，以及經常被誤解的銀行客戶保密條款」，並且在一九六六年於美國出版一份名為《瑞士銀行客戶保密條款的真相》（*Die Wahrheit über das Schweizer Bankgeheimnis*）的宣傳手冊。

就在此時，瑞士銀行業大力宣傳一個謠傳已久說法：銀行客戶保密條款的問世是為了保護猶太人在瑞士的財產免受納粹染指。知名的瑞士歷史學家彼得・胡格（Peter Hug）用「肆無忌憚的道德自我吹噓」來評論這段話也不無道理。胡格把這個傳說歸類為「精心編排的童話故事」；童話確實傳遍了全世界。

我們找出首度刊登這則故事的雜誌，讀完有些不寒而慄：故事刊登於一九六六年當時瑞士信用機構（現今的瑞士信貸）的顧客雜誌上，一篇沒有署名的文章。偏偏這家銀行後來藏匿了世界上某些殘酷獨裁者的資金，還試圖主導替銀行客戶保密條款披上道德的外衣。

這篇關於〈銀行保密條款的起源〉（Wurzeln des Bankgeheimnisses）的文章聲稱：「值得注意的」是「接二連三調查猶太人資金的行動」，促使瑞士在一九三四年「為保護受迫害的人」，加強銀行客戶保密條款，「使內容更加嚴謹，讓違法者受刑法制裁」，這麼做彷彿等同於瑞士「拯救了成千上萬人的財產和生計」。

我們吞了一下口水，再讀了一次：「為了保護受迫害的人？」

瑞士聯邦檔案局在他們的網站明明寫著：當時瑞士官方「並未特別關注猶太人的財產……」，「與傳言相去甚遠」。歷史學家陶伯樂稱之為「編造的傳說」，先前提到的歷史學家古克斯也說，瑞士信貸的說法「與事實不符」；就連時任瑞銀集團的發言人羅伯特・沃格勒（Robert Vogler）也點明，銀行客戶保密條款是基於道德良知所訂定的說法「顯然是一種神話」，根本毫無根據。

儘管與事實根本不符，這個傳說至今仍屹立不搖。英國記者兼研究避稅天堂的專家尼可拉斯．謝森（Nicholas Shaxson）在他的《大逃稅》（*Treasure Islands*）一書裡總結：「就算瑞士銀行客戶保密條款最初是為了保護德國猶太人的財產的這一段歷史是個神話，絕大多數的人還是信以為真。」

真相其實平淡無奇，更沒有絲毫的英勇氣概。鮑爾在《猶太人的黃金》中說：柏林的瑞士大使要求納粹在猶太人的護照上蓋上字母J，入境瑞士時就可以和非猶太裔的德國人做區別，有疑慮時就能拒絕他們入境；此外，瑞士也希望在邊界能加派德方的邊境官員，以阻止猶太人進入瑞士。在「帝國大屠殺之夜」[12]之後，瑞士就拒猶太人於門外，即便有關集中營的報導早已流傳開來。反倒是瑞士境內的猶太人族群必須付錢才能收留來自德國的猶太人。

隨後的幾十年裡，阻止瑞士銀行客戶保密條款的行動一再告吹。有一回在一九七九年，瑞士的社會民主黨發起「反對濫用銀行客戶保密條款和銀行權利」，為此募集了十萬多份的

12. 一九三八年十一月九日至十日凌晨，納粹黨員與黨衛軍開始攻擊德國境內的猶太人，當晚又稱為「水晶之夜」（Kristallnacht）。

連署簽名；左翼和教會團體則發起要求取消銀行對稅務機關的保密原則，此外應該鬆綁國家行政單位之間互助的規定。

這些要求驚動了銀行業。瑞士銀行公會隨即提出一百多頁的「反對論點」，解釋銀行客戶保密條款是為了保護個人隱私：「我們生活在人口十分稠密的小國家，（加上）彼此能近距離觀察對方的狀況，（因此）極需保護個人穩私。尤其是，瑞士人特別看重個人財務狀況的保密。」

對於外國人把錢存在瑞士的做法，瑞士銀行認為是錯誤政策引發「逃稅」的後遺症：「逃稅主要是過度課稅的結果，要靠國外政府自己用合理的稅率創造公民對繳稅的道德認同感。」接著，他們巧妙揭露了犯法和不犯法之間的差別：「正當管道獲得的錢在我們看來並不犯法，縱使這筆錢是在違反他國的稅收和外匯法規之下進到瑞士。」

儘管聯邦委員會和聯邦議會雙雙否決了一九七九年的公民倡議，社會民主黨仍不放棄，並試圖建立中間偏左派的聯盟。一九八四年五月的表決裡，僅有百分之二十六點九的選票表示支持，超過百分之七十三反對，總之嘗試再度未果。

銀行客戶保密條款仍舊存在，反對者也不願意就此退縮。一九九五年至二〇〇五年，隸屬自由民主黨、同時擔任瑞士聯邦總統的卡斯帕．威利格（Kaspar Villiger）再三地強調：「銀行客戶保密條款無法協商。」

另一方面，幾年下來瑞士金融中心管理的資金總額大幅增加：一九七〇年管理一千六百四十億瑞士法郎；一九八〇年增加至五千三百六十億；一九九〇年一兆六千兩百億；二〇〇〇年甚至累計有三兆四千九百七十億，也就是近三兆五千億。統計這些數字的瑞士歷史學家陶伯樂對此直言：「在他家鄉的這些錢，絕大部分都沒有經過申報。」估算下來，甚至有高達百分之八十存在瑞士的資金都是黑錢。

我們瀏覽並查找了一下手中的資料。從歷年來上千筆的開戶資料中，看得出大部分都是逃稅的客戶。因此，我們眼前所見應該就是不法資金的證據。

我們甚至在資料裡發現銀行裡某個單位的線索，它只負責隱密地管理數字帳戶。因此我們在周遭尋找可能知道這個單位，或者現任或曾經是這個單位裡的一分子。受制於銀行客戶保密條款，尤其是銀行法的第四十七條違者必須坐牢，大概沒有銀行員工意願和我們談上幾句，因此我們的願望並不容易實現。但我們還是不斷努力，小心翼翼地向一些人打探消息。

而我們確實和某些人交談了……

第5章　百萬猜謎遊戲

身為一名記者，每次遇見有趣故事的時刻，都會莫名地對眼前事物產生一種感覺。就像現在這樣，花了幾週時間研究瑞士的帳戶後，我們不只大致確認了手上這些資料的真實性，還發現它價值非凡。我們順利地檢查完資料的真偽，很快地找一些名字，循線找到隱藏在背後的醜聞。

調查報導記者要找的是「符合大眾利益」的故事，公開的故事對社會至關重要，因為能揭露不公不義，或是進一步釐清事件。這種調查研究有別於其他類型的調查，我們不僅希望能**獲得**而且絕對**需要**這類題材的故事，才有辦法使用從源頭以非正當管道獲得的資料——至少根據瑞士的法律是如此。因此，我們必須證明這些資料符合公眾的最高利益。

但是，這類型的故事已經太多了，其中不乏受到高度矚目的政界名人；貪污及獨裁國家的現任或前任元首在瑞士的帳戶，我們看過了；罪犯和祕密情報分子在瑞士的帳戶，我們也有；還有銀行本身的故事，一間世界最大的銀行無數次食言，僅管它一再保證，多年來仍然無法與貪腐的銀行客戶劃清界線。這樣的故事我們也聽過了。

在這期間，我們發現光憑自己只能夠在《南德日報》刊登少部分版面的國際新聞而已。不光是因為某些調查無法在德語區引起太多共鳴，像是喬治亞共和國的政治中間階層可能存在著貪污舞弊的新聞；還有，我們尚無法深入研究世界其他國家的個案。因此我們需要人力支援，懂得調查報導運作方式的全球新聞夥伴們。

這件事上我們占有優勢，因為我們已經認識這樣的一群人。早在盧森堡洩密案、巴拿馬文件和潘朵拉文件（Pandora Papers）[13]時，我們已經與他們合作，還跟許多人變成了朋友。我們在過去幾週已釋出合作的訊息，一開始卻希望落空。國際調查記者聯盟的協調小組負責調度這幾年來絕大多數的調查研究，我們也曾是其中的一員，因為人力無法負荷，他們無法參與這次行動。他們正齊力處理與離岸公司重大洩密案相關的潘朵拉文件，最後會在二〇二一年秋天發布調查結果。反倒是我們的消息卻讓命名有些沉重的組織犯罪與貪腐舉報計畫（OCCRP）的夥伴們，躍躍欲試地想一起合作。英國《衛報》、法國《世界報》（*Le Monde*）的調查報導團隊也加入行列，還有來自西德廣播公司（WDR）、北德廣播公司（NDR）的同事們，《南德日報》也長年和他們合作調查。

現在就缺一調查案件的名稱。可以用來以防萬一，在使用未加密通話，雙方交談時能立即會意，不相關的旁人也聽不懂的名稱。

我們選擇了「獵戶座」，和星座同名，但指的一艘太空船。這樣一來就能延續一個小小的傳統：巴拿馬文件的代號「普羅米修斯」取名自一艘星際迷航的太空船；「雅典納」是內部對天堂文件（Paradise Papers）[14]的稱呼，也源自於一艘這樣的太空船。

組織犯罪與貪腐舉報計畫召集六大洲的記者們，特別是我們在資料中發現帳戶數量特別多的幾個國家：委內瑞拉、烏克蘭和巴基斯坦。之前，組織犯罪與貪腐舉報計畫曾揭發俄羅斯詐騙集團在歐洲的巨額洗錢案、亞塞拜然政權利用數十億的不法帳戶賄賂歐洲議會的官員，當中還包括德國籍議員，以及網路犯罪分子利用捏造的投資案，騙取無數德國退休人士

13. 國際記者調查聯盟揭發多國政要和名人利用離岸公司逃漏稅，規模更甚二〇一六年的巴拿馬文件。
14. 國際記者調查聯盟調查離岸法律事務所協助名人隱匿帳戶資料並逃漏稅。

的存款。

這個組織裡不只有細心和沉穩、負責調查工作的成員，其中有些人也是資訊專家和程式設計師，他們都是如此規模案件裡不可或缺的人才。而且他們迅速就動工了，短短不到幾個小時，就在網路上架設好一個經多道安全手續的平台，讓我們可以在上面瀏覽文件；同時還有一個加密論壇，可以在上面記錄並分享找到的資料。不用多久時間，組織犯罪與貪腐舉報計畫的幾十位夥伴全都到位。我們的迷你太空船就要啟航了。

在資料裡快速找到新的線索和發現，下一秒就放到論壇上，這麼做不僅有利於調查，能和這麼多充滿理想和熱情的人一起工作更讓人雀躍不已。來自波西尼亞赫塞哥維那、無與倫比的米蘭達．帕特魯西奇（Miranda Patrucic）也是成員之一，加上來自法國，能力驚人的安娜．米歇爾（Anne Michel）、來自義大利的黑手黨專家，勇敢的西西莉亞．安納西（Cecilia Anesi）、來自英國，腦袋總是很清晰的保羅．列維斯（Paul Lewis）、精力充沛的專案協調人安東尼奧．巴克羅（Antonio Baquero）。還有脾氣暴躁的美國人德魯．蘇利文（Drew Sullivan），和幽默感從不間斷的羅馬尼亞人保羅．拉杜（Paul Radu），他們共同創立了組織犯罪與貪腐舉報計畫。我們和他們及其他人已經相識很長一段時間，有些甚至已經近十年了，這樣的信任感誰都無法取代。

我們在幾次視訊會議中清楚解釋了此次合作內容，當然是在最嚴密的安全措施底下進行。即便我們很快察覺到，我們的資料涉及最大公共利益時，這些擅於批判的記者夥伴卻總是沉著地找出弱點。雖然我們看重彼此與相互信任，故事最後必須符合新聞和法律的原則，否則沒有人會願意在上面浪費時間。

我們想在慕尼黑或某個城市召開一個盛大的聚會，這樣就能面對面討論接下來的步驟。我們在幾個較大的案件裡也的確都採用這樣的工作模式，面對面能增進彼此的理解，可以更深入的討論，並且快速地朝目標前進。但是新冠疫情暫時打亂了我們的計畫。我們決定等疫情趨緩後，再找時間舉辦聚會。

而且，就算所有人都願意傾注心力在獵戶座這個案子上，也是行不通的。我們擁有的資源有限，因為團隊裡來自組織犯罪與貪腐舉報計畫、《衛報》、《世界報》和《南德日報》的部分成員，也同時參與其他兩個國際性專案，一個是先前提過的潘朵拉文件，以及名為「飛馬座」（Pegasus）的全球非法監控行動調查案件。

我們不想放掉其中任何一個，所以只好身兼三個案子。

這麼做有它的好處：在潘朵拉文件的資料裡，我們也發現了前西門子經理塞德，所有他名下的帳戶也出現在我們的資料中，其中一個曾存了超過五千四百萬瑞郎。根據潘朵拉文件顯示，二〇〇八年時，塞德在英屬維京群島登記了一家名為艾略特投資金融（Elliot Invest & Finance Corp.）的空殼公司，一家能襯托出千萬富翁身價的公司。

我們同時調來了千禧年西門子賄賂事件的調查檔案，大概有數千頁並細讀裡面的內容。我們看到了塞德的工作經歷，他來自烏克蘭移民的家庭，從一九六〇年代末期開始在西門子工作，然後一步步地晉升。一九八〇年代初期，他被派往奈及利亞，很快就擔任起管理職務。起初是電信部門的主管，之後領導整個奈及利亞分公司，直到二〇〇四年離職前他都待在當地。根據他的說法，他到最後每年約領三十萬歐元的薪水。合理來看，就算從進西門子工作起每年都賺三十萬歐元，並且沒動用任何一毛錢，也「才」不過累積約一千一百萬歐元的財產，或許再加上一些額外的獎金。即便如此，他也絕不可能有超過五千四百萬的瑞郎，在當時和現在相當於約五千萬歐元。出身自家產並不豐厚的烏克蘭移民家庭，一輩子只在西門子工作的塞德如何存下這麼多的錢？沒錯，這是我們要追查的疑點。

用以下的真實案件來對照塞德的巨額存款，一切會更加清楚：二〇一三年一月十四日，一群身分不明的歹徒經由一條近五十公尺的隧道闖入柏林大眾銀行的地下金庫，帶走一千萬歐元後離開；另一個案件是綁架理查・奧特克（Richard Oetker）的綁匪要求他的家人支付兩千一百萬馬克的贖金；還有，揚・菲利普・雷姆茨瑪（Jan Philipp Reemtsma）的綁架案中，歹徒要求三千萬馬克。這幾名身分不明的銀行搶匪，及分別涉嫌兩起綁架案的迪特・茲洛夫（Dieter Zlof）和托馬斯・德拉赫（Thomas Drach）是德國人的共同回憶，政府也花了多年的時間找尋消失的數百萬元。

而銀行搶匪和兩名綁匪搶奪的錢，經過通貨膨脹後加總起來，應該都少於塞德二〇〇六年初存在瑞士銀行裡的錢。

（塞德之後會提到「不符情況的解釋」，他的回應請見〈尾聲〉。）

我們繼續挖掘西門子的檔案資料，卻還有數千頁堆在我們眼前。同時我們沒有放棄希望，有一個曾經長期接觸銀行內部營運方式的人會願意和我們聊聊，最好是擔任「客戶關係經理」的職務，負責管理像塞德這樣的客戶。調查研究有時就像釣魚，必須同時釋出一些釣餌然後耐心地等待。偶爾轉動一下釣魚線，確認魚勾上的誘餌還在，接著再放回去。某一天就會有人上勾。

或許不會剛好是原本期待的完美上勾，至少是一個契機。在實務上我們也遇過，寫了無數訊息卻沒有收到任何回應。就算在一開始搭上線，許多暗中的消息來源到最後會做出不同的決定，甚至沒有談下去的意願，或者他們對我們想了解的事一無所知。

好運有時還是會降臨。一位瑞士信貸內部員工透過加密訊息和我們取得聯繫，通了第一次電話後，我們發現：這個人對我們想知道的東西瞭若指掌，像是銀行內部的運作、管理帳戶的方式、有哪些安全的措施……等。這個人的態度曖昧不明而且小心謹慎，對見面抱持懷疑。然後他說了一句讓我們永生難忘的話：「我不希望和那個吹哨者一樣，最後死在牢房裡。」

第6章　森林裡的會面

百葉窗已經整個放下來，紙筆放在桌面上伸手可及的地方，筆記型電腦也開機了，如果想要展示或查看文件就能派上用場。我們不能透露所在的城市，為了此行，我們預訂了一個不會引人注目的空間。一切的準備就是為了和瑞士信貸的內部員工見面，他終於願意和我們談一談。

然而我們等待的人卻沒有出現，連個人影也沒有。

我們等了又等，一開始還保有耐心，接著有點不耐煩，我們試圖和對方連絡，但沒有成功。我們繼續等下去。

結果對方回應了。他回信說今天時間太急迫，提到了家裡有狀況。我們面面相覷，心裡已經有個底：有人在踢出臨門一腳前反悔了。可惡！我們收拾好所有的物品，啟程回家。

不過，我們也能理解，不是每個人都可以與一家大型的瑞士銀行抗衡。因為瑞士的法律規定就是如此，在嚴重的情況下，每說一句話都可能要面臨牢獄之災。

正因如此，差一點就要和我們見面的這個人，才會在第一次通話裡提到最後死在牢裡的吹哨者。注意，是死在瑞士的監牢裡，這個男人公開參與販售一張逃稅者光碟給德國當局之後被逮捕。差不多在十年前，每年幾乎都會有人收購這樣的光碟。這個男人在獄中結束了自己的生命，事關我們在本書中追查的一個案件。

就這一點，我們問自己：我們期待別人做的事，自己會不會做？我們願意冒這個險嗎？我們會樂意地大喊：若事情真是很重要，那當然！但是，真正重要的時間點是在何時？當一切事關忠誠、同事情誼以及個人的風險代價，我們應該如何衡量？這個問題應該只能視情況給出答案。當我們在思考的時候，這個人傳來消息。從此刻起，不論對方的性別，我們稱呼他為「內部人士」。他重新提議見面，比我們想像中的還快。我們深吸了一口氣。

這回是在另一個地點，內部人士提出了特別的請求。這意味著，我們要開更久的車才能抵達給健行者專用的停車場。我們一停好車，就看到迎接我們的人。我們關掉手機，揹起背包，一起走進大自然。天氣十分晴朗，我們戴上了墨鏡，朝著其他散步的人微笑，每隔十分鐘就會碰到一次。那天有風，很舒服，但風有些強勁。我們時不時看到松鼠和一些孩童的團體，氣氛十分歡樂。

我們很緊張。此時我們不想出任何差錯，以免斷送了對話的機會。

幸好我們先前就談妥了對話的條件。重點之一是不能詢問特定客戶或帳戶的資訊，否則可能會給內部人士帶來不必要的麻煩，我們也不希望給他帶來困擾。他只需要特別跟我們解釋銀行的運作流程，而他同意了。

在調查的過程中會累積出各式各樣的問題，我們當然想一口氣統統提出來，但我們首先要利用這個機會，再一次驗證我們取得的洩密文件。內部人士告訴我們，銀行裡有一個專門管理數字帳戶的部門，和我們的猜測不謀而合。瑞士信貸有時管理遠遠超過十萬個以上這樣的帳戶。當然，銀行也為保密工作收取一些費用。對超級有錢的客戶來說費用不成問題；對銀行來說，光是靠著帳戶的管理費就能促成一筆百萬元的交易。銀行的保密傳統顯現在帳戶管理上，有些帳戶已有數十年的歷史，而且從來都沒有動過。我們想起了沙佩爾和她被納粹殺害的父親所遺留下來的財產。

內部人士還說：這些數字帳戶由某幾家分行管理已經很長一段時間，只有分行的經理才會知道客戶的身分，還必須搭配使用保險箱裡的電腦。但不知道從什麼時候開始，數字帳戶就改為集中管理了。

這些神祕客戶的身分就存在伺服器裡的資料庫，所以必須保護這個資料庫不會遭竊、被檢調單位或吹哨者取得。負責服務擁有數字帳戶的特別客戶的顧問都會有一台特殊的電腦並配有防偷窺片的螢幕，這樣誰也無法拍到螢幕的畫面。想嘗試拍照的人只會無功而返，而且照片上也看不出任何東西。順帶一提，我們自己也會使用這種防偷窺片。舉例來說，當你在火車上撰寫這樣的一本書時，就能確定不會有人從你背後看到這些內容，真的會讓人放心不少。

帳戶持有人的身分和他的連絡資料就放在一個設有權限的伺服器上，其他的銀行員工也曉得帳戶的號碼，但僅限於知道帳號而已。

服務客人的顧問在內部被稱為「客戶關係經理」，他們也不曉得彼此同事服務的客戶名單。在他們的電腦螢幕上就只看得到自己負責的客戶資料。但是，根據內部人士的描述，銀行高層就能瀏覽所有的客戶資料。

儲存客戶資料的伺服器像聖杯一樣受到保護。地點就在蘇黎世於特利山（Uetliberg）附近，名為於特利大樓的地下金庫牢籠裡。這裡是瑞士信貸的營運大樓及技術中心，設有廣大的安檢區域以及有五千名以上的員工。銀行的網站上寫著：在一個古老的泥灰岩坑地段，

「瑞士信貸的命脈在此生生不息」。如果位在於特利的總部是銀行心臟，三公里外閱兵廣場上的宏偉建築就是銀行的門面。

隨著和內部人士一起緩步踩在泥濘的森林道路上的時間越長，我們就更加篤定，他是來自那個「瑞士信貸的命脈」。

根據他的描述，要進入於特利安檢區域底下的特定伺服器機房，必須先通過多道的安全關卡。一道道的安全管制措施（我們不能在這裡透露）是為了防止某個人獨自靠近伺服器。

我們踩過被暴風掃落在地的樹幹和樹枝，避開其他的健行者，內部人士語帶輕鬆地告訴我們這些細節。就像在其他工作場所一樣，銀行裡也會有同事的趣聞可以分享。不過，他給人的印象是一個不容易受引導而侃侃而談的人。他維持著銀行法所規範的底線，不得透露任何銀行帳戶的訊息。我們尊重他的底線，也完全沒有誘導他說出帳戶的訊息。

有個不得不讓人豎起耳朵聆聽的消息：銀行自二〇〇九年起採用一個系統，能將那些只有少數客戶關係經理知道的客戶身分，自動和「國際身分辨識系統」（World-Check）資料庫進行比對；這個資料庫會列出「重要政治性職務之人」（PEPs），不只是政治人物本身，連同他的親屬也會一併登載在上面。此外，這個資料庫還會不斷蒐集有關這些人的最新消息，讓銀行或其他機構可以識別出高風險的客戶。如果有一個這樣的人物出現在制裁名單或是報紙文章上，銀行系統就會提醒客戶關係經理，這樣他就不得不處理這個狀況，而且系統每天都會進行這一類的比對工作並提供相應的資訊。因此，銀行就能得知客戶的犯罪行為或貪污嫌疑，並決定是否必須終止服務合約。此外，還有一個獨立的「法令遵循主管」負責管理數字帳戶，這名工作人員必須遵守法律的規範並且審核客戶的身分。

所以，系統的提醒功能可以發揮很大的作用，因為決定違法客戶去留的責任不能歸咎於個別員工身上，或是以客戶資訊不齊全為推托之詞。

在一步步前進之中，我們得到更多關於瑞士信貸內部作業的流程和安全措施的資訊，包括文件檔案和數位記錄到處理廢棄資料硬碟的特殊程序。

內部人士說，沒有人能在不被發現的情況下複製伺服器裡的帳戶資料。我們沒有問他取得資料的可能性，也沒有告訴他，我們握有流出的帳戶資料。

我們和對方都沒有問出那些關鍵性問題，連彼此最感興趣的事也隻字未提。這樣的對話我們鮮少有過，應該是從來都沒有，彷彿有一個雙方都不許打破的禁忌。不過，解答了銀行內部作業流程的問題已經幫了大忙，現在我們更加了解整體的銀行運作模式。

過了一段時間我們才回到停車場，還在陽光下聊了一會兒，先前緊張的氣氛已經消失得無影無蹤。我們上車駛離現場，途中停下來片刻，趕在印象變模糊以前，連忙把剛才幾個小時內得到的一切資訊都記錄在電腦裡。銀行顯然花了很大的功夫保護內部極機密的資料。如今帳戶被曝光的那些人，他們的憤怒大概難以平息了。

第7章　騎兵上場了

我們卡在新的資料上動彈不得。在組織犯罪與貪腐舉報計畫的幫忙之下，我們找來一個不得了的助手加入後援，讓這些資料可以同時和其他資料庫進行比對。它是一個強大的搜尋系統，能自動比對瑞士信貸和其他資料裡的客戶名單。畢竟我們不想錯失任何同時也出現在制裁名單上的人名，或是有個曾在訴訟過程中被提及的戶頭。我們知道必須有系統地進行，才能妥善處理手中的資料和吹哨者面臨的風險，所以才會採用自動比對的功能。然而，在難以抵擋的好奇心推使之下，我們不只交叉比對了結果，還隨機抽驗了內容，尋找我們以往經手過與弊案和醜聞相關的人名、公司和基金會。所以我們一直坐在電腦螢幕前，點閱過無數次的帳戶資料，不斷尋找能引起我們注意的資料。

例如一筆讓人無法忽視的巨額存款。誰的戶頭裡會有高達九位數的存款？九位數等於上億元。當然，企業或某些人會動用到這樣的金額，或是他們持有公司的股份、股票投資或同等價值的房地產。但是一個私人帳戶裡出現上億元的財產？我們記下了這些私人帳戶，以便日後再追蹤。

忍不住好奇心的時候，也會上網搜尋帳戶的擁有者。讓我們出乎意料的是，光靠人名能獲得的資訊十分有限，顯然現今的億萬富翁早就不像以往那樣。

除了我們以外，還有一個人在見到了這類帳戶時被挑起了好奇心。就在二〇〇七年，二十四歲的瑞士人席納・L（Sina L.）想必也經歷了類似情況，他在上班時無意間翻閱了瑞士信貸的客戶資料。此外，席納不是記者，而是一名銀行家的助理。

他把資料中的發現都寫在一張紙上，像是姓名或帳戶資訊等，隨後也下載了一個內部的簡報檔。可想而知，他意識到這些資料極度敏感，不只在瑞士是高度機密而且受到嚴密保護，在德國更是價值連城，因為它揭露了德國公民如何將黑錢存放在瑞士信貸。看得出席納一共記下了一千多個德國姓名。

席納並非獨自行動，他還有一個共犯。一問起這件事情的發生經過，一切就像籠罩在奇聞軼事的謎團之中。席納不願和我們交談，他的律師也不想幫我們聯繫他。因此，我們必須引述席納曾經對瑞士調查人員說過的話：據說，席納曾經把裝有名單的袋子遺忘在瑞士溫特圖爾（Winterthur）一家名為「香蕉」的健身房，後來被一位奧地利人沃夫剛．U（Wolfgang U.）給發現。他所言是否屬實幾乎難以查證。從法庭上能確認，這位沃夫剛先生在二〇〇八年化名「韋伯」，找上德國伍珀塔爾（Wuppertal）的稅務調查員，並交出席納從瑞士信貸電腦裡所挖掘到的寶貴資料。

伍珀塔爾的調查人員本就是當時的出名人物。那段期間帶領稅務調查小組的傳奇人物彼得．貝克霍夫（Peter Beckhoff）才剛對第一張「逃稅光碟」提出報告：一名皇家銀行（LGT Bank）的前員工將列支敦斯登銀行裡上百名德國客戶的資料賣給德國聯邦情報局（Bundesnachrichtendienst, BND），這份資料被轉交給伍珀塔爾的稅務調查員，結果就開啟了一連串的搜索和調查，包括當時的德國郵政董事長克勞斯．祖溫克爾（Klaus Zumwinkel）也遭到調查。瑞士銀行公會則公開譴責德方的「祕密警察手段」。

沃夫剛和稅務調查員們在德國杜塞道夫和司徒加特碰面，並交給他們第一批資料的樣本，調查人員都很興奮。不久之後，他們之間就談起了生意。據悉，德國政府支付總計兩百五十萬歐元給化名為韋伯的沃夫剛，由公證人私下經手這筆付款，並宣稱是遺產繼承。一部分的錢由沃夫剛轉交給年輕的銀行家助理席納。這就是整件事情的始末。

不只是德國的稅務調查員，還有德國政府，都認為這份瑞士信貸的名單是天上掉下來的禮物。早在列支敦斯登銀行醜聞案之後，隸屬社會民主黨（SPD）的時任德國財政部長漢斯・艾歇爾（Hans Eichel）就警告過瑞士，因為瑞士的銀行「協助逃稅的事證確鑿」且「保護德國犯罪分子」。之後繼任的另一位同屬社民黨的財政部長佩爾・斯坦布律克（Peer Steinbrück）當時在《週日畫報》（*Bild am Sonntag*）向「所有的歐洲避稅天堂」宣戰，瑞士就是頭號敵人。

差不多在同一時期，伍珀塔爾的稅務調查員協同全德國的調查員，一同偵辦瑞士信貸裡的數百名德國籍客戶。全國上下的稅務機關都投入了這項偵察行動。正值經濟危機時刻，握有最高權力的國家元首和政府部門首腦們無不繃緊神經，為了拯救銀行業，各國必須提撥數兆歐元的經費，國家財政亟需每一分錢。因此，瑞士的銀行洩密資料來得正是時候。

調查人員搜索了漢堡、慕尼黑、法蘭克福和其他城市裡的住家和私人住宅，也派員前往梅茨勒銀行（Bankhaus Metzler）、豪克和奧夫豪澤銀行（Bank Hauck & Aufhäuser）、德勒斯登銀行（Dresdner Bank）、瑞銀集團和貝倫貝格銀行（Berenberg Bank）的分行。

然而，隸屬自由民主黨（FDP）的瑞士財政部長漢斯—魯道夫・梅爾茨（Hans-Rudolf Merz）卻在此時安撫瑞士民眾：銀行客戶保密條款沒有安全上的疑慮，如同前總統威利格之前所言，這項規定「無法協商」，其他國家的行動只是「白費力氣」而已。

這些承諾終究是曇花一現。

因為不久之後，二〇〇八年四月，瑞士信貸的最大競爭對手瑞銀集團的一名行員在美國被逮捕。一名前瑞銀集團員工，也曾在瑞士信貸裡工作，他坦承和其他銀行員工「參與策劃在美國的詐欺案」，協助有錢的美國客戶逃稅。幾個月後，美國司法部以「共謀詐欺美國和其國家稅務局」的罪名，起訴瑞銀集團及幾名經理。對瑞士的銀行業龍頭來說，最糟糕的還不僅如此，美國司法部門要求瑞銀集團交出客戶的資料。若不配合執行，每日將處以高額罰款。

因此，瑞銀集團面臨了抉擇：打破神聖不可觸犯的銀行客戶保密條款，還是承擔在美國被開罰的風險？

眼看瑞士最大銀行就要被列為「犯罪組織」，這件事在瑞士國內引發一陣恐慌。這可能是瑞銀集團的末日，在美元市場的地位將從一家活躍於國際的大型銀行一下子淪為瑞士的區域銀行。

瑞士政府因此對美國的要求讓步。

二〇〇九年二月十八日，瑞士金融市場監管局指示瑞銀集團交出超過兩百五十五件美國客戶資料給美國當局。最後，美國駐瑞士大使館代表和美國聯邦調查局官員（FBI）在伯恩取得資料光碟。瑞士《琉森報》（*Luzerner Zeitung*）評論「銀行客戶保密條款失靈」。歷史學家陶伯樂則說：「在這件事情上，聯邦政府以保護瑞銀集團為優先，把保護與稅務相關的銀行客戶保密條款的訴訟擱置在後。」

瑞士財政部長梅爾茨則解釋，瑞銀集團若不配合美方要求恐難以繼續生存下去。**在最糟的情況下**，瑞士的經濟將面臨三千億瑞郎的虧損。小報新聞《觀點日報》（*Blick*）卻憤慨地表示：「根本是加重瑞士的原罪。」銀行客戶保密條款慘遭滑鐵盧，徹頭徹尾的失敗，也因此觸動了瑞士人民的敏感神經。

事實上，更糟的事情還在後頭。二〇〇九年，美國密西根州的參議員卡爾·列文（Carl Levin）在美國參議院發言時，狠甩了瑞士一記耳光：「瑞士人把銀行客戶保密條款視為一個國家的價值觀，如同美國人讚揚自由與民主一樣。」但銀行客戶保密條款並不是需要受到保護的價值，「根據美國法律，它是促成密謀犯罪的要素。」

現在大家都知道，瑞士正處在和世界強國的角力之中。究竟誰會勝出，瑞士人心中早就有答案了。由三十八個已開發國家組成的經濟合作暨發展組織（OECD）隨後把瑞士（也是創始成員國之一）納入一個會讓瑞士在世界上顏面盡失的草案裡：俗稱的不願配合調查的逃稅天堂黑名單。

不意外地，瑞士在九天之後，剛好當天是十三號星期五（二〇〇九年三月）就放低了姿態，起碼態度不再那麼強硬了。財政部長梅爾茨表示會在逃稅案件上與外國政府合作，「對方如有具體且合理的請求，瑞士允許逐案交換資訊。」其他國家只能在已知開戶者姓名和其開戶銀行的情況下獲得相關訊息，無法配合像稅務用途資訊自動交換這種大規模的交換方式。但是，這麼做對瑞士來說就足已從「黑」名單被移至「灰」名單上。

就這一點，有必要釐清瑞士當時準備做出什麼樣的妥協：在事證明確的情況下，瑞士同意交出銀行帳戶的資訊。前提是，外國的調查人員已經知道開戶的銀行。對瑞士來說或許已經是一大讓步，對追查透過空殼公司、信託公司和銀行帳戶等管道進行幾百萬和幾億元交易的調查人員來說，這一切根本微不足道。我們也是從相關的消息來源那裡得知這件事。

對此，瑞士的銀行不能宣稱對這些問題一無所知。私人銀行家康拉德．胡姆勒（Konrad Hummler）在二〇〇九年初的一份銀行文件裡估算出，瑞士百分之三十至七十的私人客戶資產是不法所得。所以他得出一項結論：「如果銀行客戶保密條款主要是為了掩護逃稅，那麼它在道德上根本站不住腳。」

二〇〇九年四月，二十個重要的工業和發展中國家，也就是二十大工業國（G20），出席在倫敦舉辦的高峰會。在會後聲明裡指出，銀行客戶保密條款的時代已經結束。

時任德國財政部長斯坦布律克甚至進一步表示：給甜頭也不能忘了揮舞鞭子[15]。瑞士是避稅天堂「黑名單」上的一員，「能擬出這樣的名單，說得白話一點，也能派出龍馬堡的第七隊騎兵。不是非派騎兵不可，只要印地安人知道有它的存在就好。」[16]。

對許多瑞士人來說，當時這番言論無異於宣戰。同樣的，時至今日在討論這個議題時，還是經常會聽到類似的回應。

瑞士的小報新聞《晚間觀點》（*Blick am Abend*）在頭版刊出斯坦布律克面目猙獰的模樣，旁邊標題是「醜陋的德國人」；新蘇黎世報稱他為「口無遮攔的部長」；在瑞士國會這個舉止得體的場合裡，所有人對這位來自柏林「沒教養的傢伙」感到憤怒。

當時，這件事也在我們的瑞士親朋好友圈裡成為話題，大家甚至在飯桌上一邊烤著起司，一邊熱烈地討論。德國部長以軍隊威脅瑞士（某些人的確這麼認為）被當成難以置信的醜事。「你們以前襲擊其他國家，現在又威脅我們！」這句話到現在都還迴盪在耳裡，因為我們感覺到：這是發自內心的一句話。

斯坦布律克在那時已經接獲社會大眾尚未得知的消息：不僅是瑞士最大的銀行瑞銀集團發生洩密事件，因此促成美國調查該銀行。德國當局同時也掌握了瑞士第二大銀行瑞士信貸的客戶名單，由北萊茵－威斯法倫邦（Nordrhein-Westfalen，後稱北威邦）負責評估，瑞士信貸員工席納就是提供資料的人。

《法蘭克福匯報》最終在二〇一〇年初投下一顆震撼彈：二月二日的頭版頭條是〈稅務醜聞的線索指向瑞士信貸〉。繼斯坦布律克之後，隸屬基督教民主聯盟（CDU）的沃夫剛·蕭伯樂（Wolfgang Schäuble）接掌財政部長，他致電給瑞士財政部長梅爾茨時表示：才隨機抽查五個瑞士信貸的客戶，每個人都要補繳超過一百萬歐元的稅金。

瑞士隨即做出回應。瑞士信貸對不知名的作案人提出告訴，政府則將此案交由國際法庭審理。然而更重要的是，瑞士聯邦刑事檢察院在二〇一六年六月展開偵查，對象不是銀行，而是那個洩漏資料的「不知名作案人」。當時還不知道消息來源是銀行內部員工席納。指控的項目從洩漏「商業情報」和未經授權所取得的資料，到「違反商業機密」再到「違反銀行客戶保密條款」。調查人員甚至還請來了瑞士聯邦情報局（Nachrichtendienst des Bundes, NDB）

15. 德語諺語，表示必須軟硬兼施、恩威並濟。
16. 德國財政部長引用美國白人和印地安原住民的戰爭歷史為比喻。第七隊騎兵是負責攻打印地安人的軍隊，如同黑名單是為了打擊瑞士。

協助調查。執法者用盡了最大的努力，去打擊揭發罪行的那個人。

不久之後，蘇黎世的調查人員查到了德國公證人匯給沃夫剛的一筆神祕款項，也就是傳聞在香蕉健身房找到席納遺失的帳戶名單的奧地利人。

這筆八十九萬三千歐元的金額被席納在奧地利福拉爾貝格（Vorarlberg）開戶的多恩比爾納儲蓄銀行（Dornbirner Sparkasse）視為可疑的交易，行員因此通報有所謂的洗錢嫌疑。瑞士政府迅速就查出匯款的德國公證人一共匯了兩百五十萬歐元。除了在多恩比爾納儲蓄銀行的那一筆之外，另有九十二萬一千歐元匯入瑞士，以及六十八萬六千歐元匯入德國的儲蓄銀行帳戶，總計金額達兩百五十萬歐元，和北威邦自稱支付購買瑞士信貸洩密資料的金額一致。

二〇一〇年九月，沃夫剛在瑞士溫特圖爾被捕，幾天後在自己的牢房內上吊自縊。

席納在二〇一一年十二月被貝林佐納（Bellinzona）的聯邦刑事法庭判處緩刑兩年，他必須支付三千五百瑞郎的罰金及三萬元瑞郎的損害賠償金給瑞士信貸。觀察家們原本預期會加重刑責，《新蘇黎世報》因此有些吃驚地表示：「刑期真是出奇的低。」很快就有謠言傳出，說這一切早就協議好了，為了鎖定其他目標人士，瑞士的調查人員迫切需要一個法律判決。

目標就在德國。

第8章 間諜的國度

二〇〇三年二月五日，前美國國務卿柯林・鮑爾（Colin Powell）用一個引發慘重後果的謊言收買了全世界。這位前上將在聯合國安全理事會上，展示疑似伊拉克擁有大規模毀滅性武器的證據。他拿出衛星照片，引用許多情報消息。最後，他聲稱伊拉克首領薩達姆・海珊（Saddam Hussein）勾結蓋達恐怖組織（al-Qaida）。

他的指控拉開了戰爭的序幕，一場美國早就決議好的戰爭：攻打伊拉克。

美國政府在鮑爾的一席話之後，派遣了一艘艘的軍艦和成隊的戰鬥機前往波斯灣，一名中東男子的家人也開始採取預防措施：前埃及資深情治人員奧瑪・蘇萊曼（Omar Suleiman）的女兒們在瑞士開了帳戶。據英國《每日電訊報》（*Daily Telegraph*）的報導，蘇萊曼在當時是全球最具影響力的間諜之一。除此之外，他還贏得「美國中央情報局開羅情報員」的稱號，《明鏡週刊》稱他為「西裝筆挺的施暴者」。

來自組織犯罪與貪腐舉報計畫的同事亞歷克斯・齊亞多茲（Alex Dziadosz）在我們的資料裡發現了蘇萊曼的帳戶。亞歷克斯是中東問題的專家，他會說阿拉伯語，並報導該地區的新聞長達十多年。因此，他知道蘇萊曼這號人物。

他發現這個帳戶的開戶時間是在二〇〇三年二月二十五日，帳號識別碼的前半段顯示，開戶地點應該是在瑞士信貸的日內瓦分行，我們也因此學會看懂銀行的代碼。他們選在日內瓦開戶十分合理：外交人員和政治人物會定期前往日內瓦，況且聯合國的總部就設在當地，從那裡到瑞士信貸所在的貝萊爾廣場（Place Bel-Air）只需要十分鐘的路程。

我們在資料中發現，蘇萊曼的三個女兒擁有動用帳戶的權利。戶頭裡一度有六千三百萬瑞郎以上的存款，對這男人的家庭來說是一筆不小的數目，甚至是難以想像的數字，而他一輩子只為軍方和情報單位工作。根據我們從不同情報管道得知的消息，如此龐大的金額不會只由負責的客戶關係經理批准，超過一定的金額必須請示上級。至於金額等級的劃分，還有這項規定的生效日期，我們就不得而知了。（瑞士信貸沒有回覆我們的問題，只有籠統地解釋一切遵照法律規定。）

蘇萊曼一九三六年出生在上埃及。青少年時期就開始在埃及的軍事學校接受訓練，投入工作後便快速地平步青雲。他曾在尚未瓦解的蘇聯進修，先後參與過對抗以色列的六日戰爭和贖罪日戰爭，之後接受美國培訓加入情報工作和「特種作戰」行動。一九九〇年代，他終於成為惡名昭彰的埃及情報總局局長，直接隸屬於總統穆巴拉克。沒錯，就是兒子們在瑞士信貸擁有上億歐元資產的那位獨裁統治者。

九〇年代末期，蘇萊曼執掌的情報單位在暗地裡替美國執行任務。知名調查報導記者珍．梅爾（Jane Mayer）在美國《紐約客》雜誌（*New Yorker*）寫道：蘇萊曼曾擔任「美國中情局綁架案件的埃及聯繫窗口」。意思是，當中情局想要審訊某位人士，卻又無法透過正式合法的管道時，就會找上這個男人。隨著替美國處理的嫌犯越來越多，蘇萊曼的影響力也日漸俱增。他似乎還接下了其他的任務。美國參議院多年後在一件調查報告裡指出，美國情報機構把恐攻嫌犯交給蘇萊曼，他的手下做了美國人怎麼樣也不想自己動手的事：對嫌犯嚴刑拷問。英國調查報導記者史帝芬．格雷（Stephen Grey）在二〇〇七年出版的著作《幽靈班機》（*Ghost Plane*，暫譯）中描述：蘇萊曼「代替我們做了某種西方國家完全不願意動手的工作」。

一名至今尚未遭起訴的澳洲籍恐攻嫌犯曼杜哈·哈比（Mamdouh Habib）在他的回憶錄《一個不存在的恐怖分子》（*The Tale of a Terrorist Who Wasn't*，暫譯）寫到：他被蘇萊曼的手下吊在鐵鉤上，遭受電擊並被打斷了手指；不僅如此，哈比指控連蘇萊曼也對他動刑。摩洛哥裔美國人、中東問題專家伊桑德爾·阿姆拉尼（Issandr El Amrani）稱蘇萊曼為「私刑首領」。

哈比的書在二〇〇八年出版，比格雷的書早了兩年。照道理說，這種針對公眾人物的指控很快就會傳到金融界。銀行為了快速審查新來及原有的客戶，會支付高額費用給蒐集「重要政治性職務之人」及其親屬負面報導的單位。瑞士方面不可能從未聽聞過這種指控。這就表示，銀行沒有按照國際標準做法管控客戶。

蘇萊曼手中最有名的受害者當屬利比亞人謝赫·利比（Al-Sheikh al-Libi）。這起事件和鮑爾在聯合國的演說有關。巴基斯坦的官員在二〇〇一年逮捕利比，並在美軍入侵阿富汗後將他交給美方。雖然起初是由兩名聯邦調查局的官員審訊利比，但隨後移交給中情局，接著他就被火速送往埃及交給蘇萊曼。

熟識奧薩瑪·賓·拉登（Osama bin Laden）的利比最後消失在一座私刑監牢裡。過了一些時日，蘇萊曼的團隊向美方回報行動時表示：利比已經招供了。更準確地說，他證實美方的預測：海珊製造生化武器並交給蓋達組織。

雖然這個消息很可能是假造的，而且從來未經過證實，但卻是鮑爾在聯合國發表聲明中的主要控訴項目之一，最終也成為美國出兵伊拉克的藉口。接下來就是大家所熟知的：美國發動戰爭，造成十萬以上的死亡人數，海珊被推翻。然而，始終沒有尋獲大規模的毀滅性武器，同樣也沒有明顯的證據指出伊拉克的獨裁總統曾經和蓋達組織合作過。

針對利比的說詞，也就是「招供」這件事，他自己之後曾解釋：「他們幾乎要殺了我，我必須跟他們透露一點什麼才行。」

這些指控並未撼動蘇萊曼的影響力，反而因此更加壯大了。格雷在《幽靈班機》的其他章節提到蘇萊曼時曾說：「蘇萊曼是美方和埃及政權之間不可或缺的溝通橋樑。他本人則是總統穆巴拉克的重要消息管道，就算在無關情報和安全問題事件亦是如此。」曾獲普立茲新聞獎的調查報導記者榮恩・蘇斯金（Ron Suskind）甚至稱蘇萊曼是穆巴拉克的「特務殺手」。二〇一一年穆巴拉克下台後，蘇萊曼被視為是他的接班人選，但最後蘇萊曼未能湊足支持他參選的簽名人數。隔年他在美國的一家醫院去世，治療他的醫生表示，蘇萊曼是自然死亡。

據我們所知，蘇萊曼過世時，他的瑞士帳戶仍維持交易運作。這麼說來，瑞士信貸同意這位名聲敗壞的情報局長一家人開戶，即使他早就因為涉嫌動用私刑登上世界各地新聞的頭條，銀行也沒有中止帳戶合約。

帳戶裡如此巨額的存款從何而來？這個問題仍未解。六千三百萬不是一筆小數目，尤其是穆巴拉克政府裡的情報局長，每個月的薪水不超過兩千瑞郎；而且，他女兒們也沒有從事符合這筆收入的工作。由事實揭露平台維基解密（Wikileaks）在二〇一〇年公開的機密電報得知，美國外交官把蘇萊曼看做「穆巴拉克的軍師」。

我們在銀行洩密資料中看到帳戶裡的幾千萬元，會不會是獨裁總統的錢？而蘇萊曼的女兒只是一個掩護？

還是這筆錢來自另一個地方，有可能是美國嗎？或許是答謝他拷問及綁架人犯的大筆酬勞？過去就曾經有過美國中情局用數百萬元獎勵官員和政治人物協助的記錄。

二〇〇三年，就在蘇萊曼在瑞士開戶前的一週，美國中情局再次出手：特勤人員在米蘭街頭綁架了一名來及埃及，受到義大利政府庇護的伊斯蘭教長。多名男人將他拉進一台白色的小貨車後綑綁他，並帶到義大利北邊阿維亞諾（Aviano）的美軍空軍基地。從那裡起飛後，美方先將他帶往德國的拉姆施泰因空軍基地，之後再飛往埃及交給蘇萊曼的下屬進行訊問。這位伊斯蘭教長在四年後才獲釋，埃及法院的結論是找不出監禁他的理由。

綁架伊斯蘭教長的一群人未出席二〇〇九年在義大利法院的庭審，並被判處多年有期徒刑。另一方面，瑞士聯邦刑事檢察院也在瑞士進行調查，因為搭載被綁架的伊斯蘭教長的飛機，是經由瑞士的領空飛往德國。直到二〇二〇十一月，這個案件因時效已過而停止調查。

美國當局已將所有相關文件列為機密，在埃及也打聽不到任何消息。蘇萊曼已經過世，他的女兒們沒有做出任何回應。

瑞士信貸也不想發表關於蘇萊曼的任何消息，無論是銀行在開戶前是否知曉開戶人父親的身分，或是開戶人在開戶文件上的「資金來源」項目填了哪些內容。

到目前為止，蘇萊曼並非我們在調查過程中所看到的唯一一個情治人員。還有，我們在第三章曾提到，曾發現勢力龐大、擔任葉門情報局局長超過三十年的阿爾卡米西，有趣的是，他被稱作「葉門蘇萊曼」。誠如屢屢獲獎的中東部落格「監視器」（Al-Monitor）所說：情報局「長期追捕、拷問及監禁政治對手」因而惡名遠播。然而，瑞士信貸依舊把他當成客戶。阿爾卡米西從一九九九年至二〇一一年二月持有銀行帳戶，裡頭最高金額曾接近五百萬瑞郎。身為全球最貧困國家之一的情報局局長，他根本不可能賺到這麼多的錢。此外，根據他的三位前員工的說詞（他們害怕受波及不願透露姓名），阿爾卡米西手頭有一筆資金相當於數百萬美元，沒有人知道他如何使用這筆錢。目前住在伊斯坦堡的阿爾卡米西沒有回覆我們的問題。

不僅如此，根據我們的資料，有一位前東德祕密情治人員的帳戶在二〇一〇年一月時居然有高達近一千五百萬歐元的存款；還有委內瑞拉的前任情報局局長卡洛斯．路易斯．阿奎萊拉．博爾哈斯（Carlos Luis Aguilera Borjas），綽號「看不見的人」，在二〇一一年以前，他的帳戶裡有超過一千萬瑞郎，至少到二〇一五年都沒有改變，儘管那已是在他上任之後。此外，根據多家西班牙報紙的報導，他當時正接受洗錢案的調查，但是最後都沒有結果。

我們還發現了以色列摩薩德特務阿什拉夫．馬爾萬（Ashraf Marwan）的公司帳戶，他在七〇年代曾因贖罪日戰爭向以色列發出警告；他已於二〇〇七年過世。還有海珊執政底下的伊拉克情報局財務總長哈拉夫．杜里米（Khalaf Al-Dulaimi），以及長年帶領巴基斯坦三軍情報局（Directorate for Inter-Services Intelligence, ISI）的上將阿克塔．阿卜杜拉．拉赫曼（Akhtar Abdul Rehman）的兒子們等人的帳戶。

我們在資料裡總共找到來自埃及、伊拉克、約旦、蒙特內哥羅、摩洛哥、奈及利亞、巴基斯坦、烏克蘭、烏茲別克、委內瑞拉和葉門等國家的十多名情治人員，人數眾多。這群人令瑞士信貸感到不安，因為情治人員總是特別棘手。「換作是我不會接受這類型的客戶，」瑞士法遵專家莫妮卡．羅特（Monika Roth）如此表示，「這麼做太冒險了，」尤其是來自中東地區的情報局局長「勢力龐大、交往複雜且資金來源不透明」。

因此，在我們分享調查進度的討論平台裡，馬上出現一個新的分頁：「間諜的銀行」。

瑞士信貸，間諜出沒的銀行。

情報特務人員喜歡把錢存在瑞士銀行早已不是祕密。一名南歐情治人員描述：「瑞士銀行等同於情報界最重視的一件事：絕對保密。這種保密性更有利於在工作上隱藏行蹤。」他仍在職中，因此我們不能透露他的姓名。蘇聯曾透過瑞士銀行帳戶付錢給情報間諜，像是奧爾德里奇．艾姆斯（Aldrich Ames），他販售美國機密情報給蘇聯國家安全委員會（KBG），還有叛逃的前美國中情局官員愛德華．李．霍華德（Edward Lee Howard）。美國軍人喬納森．波拉德（Jonathan Pollard）複印美國機密文件給以色列情報單位，也是透過瑞士帳戶獲得報酬。還有在「伊朗門事件」[17]期間，大筆的金錢都是透過瑞士的帳戶交易。

難怪在每一部特務電影中，從《神鬼認證》到《〇〇七首部曲：皇家夜總會》，幾乎都少不了瑞士銀行當配角。

幾年前，我們在莫斯科和舉世聞名的吹哨者愛德華．史諾登（Edward Snowden）碰

17. 美國祕密向伊朗販售武器因而所衍生出的政治醜聞。

面。他還在替美國中情局工作時，也曾有一段時間長駐在瑞士。在他的自傳《永久檔案》（*Permanent Record*）中，他描述日內瓦是「私人銀行的中心，大筆的資金可以在完全不受官方監督的情況下進行交易，也不管這些錢的來源正當與否。」

史諾登替美國駐日內瓦大使館的情報部門工作，他很快地就掌握銀行的運作細節。在日內瓦湖畔，一家高級咖啡廳陽台上舉行的招待會上，他跟一位替沙烏地阿拉伯客戶管理帳戶的銀行行員攀談。這讓中情局的人特別振奮，因為沙烏地阿拉伯多年來一直被懷疑資助恐怖行動。根據史諾登後來的描述，當時中情局的一位同事接手了這名銀行員工，並且使對方徹底失去戒心。接下來的幾個星期裡，他的同事和這名行員在酒吧和脫衣舞俱樂部之間流連忘返，最後還說服行員在喝醉的情況下開車回家，他並同時向警方通風報信。史諾登還記得，該名行員弄丟了駕照，必須支付一筆為數不少的罰金。後來史諾登的同事經常接送他，借錢給對方，兩人還發展出一段友誼，目的是希望從行員那裡套出一些銀行機密。

不過這項計畫失敗了。根據史諾登的說法，這名銀行員工離開了瑞士，至於他是替哪一家銀行工作，史諾登至今都沒有透露。

在這幾週裡，我們和同事們與眾多來自世界各地的情治人員及專家面談。他們提到瑞士的祕密帳戶，美國中情局曾用它資助在阿富汗的聖戰士組織和其他各類祕密行動；同時也談到引人注意的俄羅斯匯款交易。然後，我們又再次聽到一段往事，幾年前曾流傳過一個造假的檔案，內容揑造前德國聯邦情報局局長奧古斯特・漢寧（August Hanning）擁有瑞銀的帳戶。

我們試圖找出眾多情治人員在瑞士信貸開戶的原因。一位來自德國的前高階情治人員曾和我們《南德日報》的同事約爾格・施密特（Jörg Schmitt）談過，他推測外國情報局長在瑞士銀行開戶和祕密行動的關係應該不大，看起來比較像是預備給自己某天失勢時使用的「救命錢」。

我們還聽聞這些「情治人員問題」在瑞士的情況有多氾濫：瑞士極力追捕外國的間諜。瑞士聯邦情報局局長在二〇〇九年時表示，「我們注意到針對瑞士銀行業的間諜活動有增加的趨勢」，因此要「加強防禦」；針對具外交身分的外國人（特別是來自東方國家）實施入境禁令。根據瑞士情報單位的推估，目前中方和俄方的間諜行動最為活躍。二〇二〇年，十九名男女就因從事非法情報活動被限制入境。

《新蘇黎世報》曾引述一名前蘇黎世檢察官的話：各路「鬼鬼祟祟的人馬」經常暗中徘徊在瑞士各個銀行分行的附近，拍下銀行客戶的身影，還傳出幾名可疑的男子記下外國客戶的車牌號碼。

坦白說，我們一點也不驚訝或奇怪。同時，有充分證據證明，特別是從銀行洩密資料也能發現，許多可疑人士已經或曾經在瑞士的銀行藏匿數百萬的美元、瑞郎和歐元。按照這種邏輯，情治人員或間諜會對此感到興趣也合情合理，尤其是當銀行客戶裡也有和他們身分相同的人。

我們已經打算好，年底前往蘇黎世的時候絕對不會在知名銀行附近停車。

第9章　不知羞恥的小騙子

無論是我們「深入鑽研」一個故事或想要查證一個醜聞，一定少不了各種文件資料的佐證。比起只有證人的說詞，能用白紙黑字的文件證明總是來得更好。但是，每種文件的價值不盡相同。Excel文件和表格最能呈現出清晰的事實，交易金額、帳戶、扣款或是過程都能一覽無遺。因此，文件通常更容易還原詐欺事件，畢竟五個消息來源的說法裡都有各自的真相和利益。我們收到的資料就屬於後者：基本上，它就是經過精心整理的資料庫，從這些枯燥數字背後找出與大眾利益相關和值得報導的故事，就是我們面臨的挑戰。

因此，當西德廣播公司的同事馬西莫．博格納尼（Massimo Bognanni）暗中收到瑞士信貸內部的簡報檔時，我們都開心不已，這份檔案正好解答了有多少德籍客戶公然逃稅的問題。

簡報檔的製作日期是二〇〇四年，在銀行看來，這已是另一個時期的資料。雖然逃稅在當時已不再算是輕罪，但當時德國和瑞士兩國尚未發生稅務爭議。加上直至逃稅光碟案發生之前，瑞士銀行的內部消息也幾乎都未曾遭洩漏。因此，我們在簡報上所見的資訊，如今看來肯定是難以想像的透明，甚至對銀行內部來說也是如此，更遑論以書面呈現。

簡報標題是：「德國市場的轉變：綜合諮詢服務（Comprehensive Advice Services, CAS）的起點」，乍聽之下不怎麼特別，但是內容說明了一切。

「綜合諮詢服務」是針對有意接受全面諮詢的客戶，他們希望和銀行顧問討論存款投資的可能做法，顧問就能和他們聯繫。相反的，「非綜合諮詢服務」（Non Comprehensive Advice Services, NCAS），就是所謂的NCAS客戶，他們完全不願意被聯繫。像是持有非法資金、逃稅等就屬於這類型的客戶，因為他們不想留下太多的足跡。簡報當中指出，對NCAS客戶來說，首要考量銀行的緘默和客戶保密條款，聯繫是「越少越好」。這些客戶通常不會收到銀行帳戶的明細，這麼做也能減低他們落入稅務調查員手中的風險。銀行人員甚至斬釘截鐵地說是「曝光的風險」。

正如從標題讀到的，這份簡報主要說明瑞士信貸要展開和德國CAS客戶之間的業務，也就是和誠實的納稅人。此外還提到，銀行想努力爭取那些不會逃稅的客戶。再者，這是新的提案，所以才以「起點」命名。一路看下來，這份簡報的確可以解讀為：瑞士信貸曾經頻繁與來自德國的非法客戶來往，並且在知情的情況下幫助他們逃稅。

許多以往擁有瑞士帳戶的德國人想藉此逃避稅納義務早就是公開的祕密。但是瑞士銀行沒有對外說明這件事，因為可能會重創銀行的形象。

只要提到這件事，銀行通常會用官方說法掩蓋過去。曾任瑞士信貸董事長的盧卡斯·穆勒曼（Lukas Mühlemann）在二〇〇一年接受《法蘭克福匯報》訪問時曾說，瑞士不希望成為「可疑的、甚至是犯罪資金還有逃稅的人的漏洞」。然而，瑞士信貸卻在幾年後才決定要和守法的客戶往來？

這份簡報說出，瑞士信貸當時就知道自己協助犯罪。銀行清楚知道這一點也讓我們感到吃驚。簡報製作人在內容裡呈現出內部的統計數字：二〇〇四年時，銀行裡百分之八十八的德國客戶屬於NCAS客戶，也就是接近百分之百。

因此，瑞士信貸容許犯罪行為。正如同簡報製作者瑞士信貸的員工在第四張簡報上所寫的：「任何人只要在德國逃稅，就得承擔被抓去坐牢的風險。」

時至今日，協助逃稅不再是單純的商業模式，這一切都拜瑞士信貸員工席納、前德國聯邦財政部長斯坦布律克和美國的施壓所賜。還有，北威邦的前任財政部長兼社民黨黨魁諾伯特·瓦爾特—博爾揚斯（Norbert Walter-Borjans）也牽涉在其中。

二〇二一年十二月，我們在社民黨總部所在辦公室威利布蘭特大廈採訪瓦爾特—博爾揚斯時，他才剛交出黨主席之位。辦公室位在八樓，在柏林施特雷澤曼街上三角形建築物的最前端，就像一艘船的船頭朝著十字山的方向。辦公桌看起來已經清空，瓦爾特—博爾揚斯正在移交他的文件、設備和資料，他沒有再次競選政務官。社民黨在聯邦議院選舉中贏得最多席次，奧拉夫．蕭茲（Olaf Scholz）則出乎意料地成為總理。瓦爾特—博爾揚斯算是凝結政黨委員、總理後選人和青年黨軍的重要人物。因此，我們遇到的或許是一個甫卸下重擔、朝政治退休之路邁進的男子。

瓦爾特—博爾揚斯之所以能成為黨魁，在任職邦部長期間聲名大噪且受人歡迎，都要歸功於他最關切的議題：打擊逃稅者及其共犯。瓦爾特—博爾揚斯，大家稱他諾瓦博（Nowabo），在擔任北威邦的財政部長期間負責收購十一張逃稅者光碟，他買過瑞銀集團、寶盛銀行（Julius Bär Bank）的內部資料，當然也包括瑞士信貸。

他特別把購買記載逃稅嫌疑人資訊的光碟當成一種政治權力的工具。這樣一來，不只能向瑞士的銀行施壓，也讓擁有瑞士帳戶的德國逃稅人感到不安。為了自保，上千名逃稅者馬上就會自首。依據瓦爾特—博爾揚斯的估算，幾年下來，國庫已進帳超過七十億的罰款和補繳稅金。

瓦爾特—博爾揚斯一邊扛起政治責任和籌措購買銀行資料的經費時，伍珀塔爾的稅務調查人員貝克霍夫則負責執行任務。博爾揚斯剛上任之際並不在意首長官僚的一切繁文縟節，自行致電給貝克霍夫。然後，他在電話裡遇上突然不知所措的貝克霍夫，他隨即聯繫瓦爾特—博爾揚斯的接待辦公室，詢問撥電話的是不是真正的部長。貝克霍夫有充分理由懷疑這一點，我們後續會再解釋。接下來在部內會議的談話當然比先前的更加順利，為了推進執行購買資料的策略，彼此之間也藉此建立起信任感。瓦爾特—博爾揚斯在他的著作《稅收——一場偉大的騙局》（*Steuern-Der große Bluff*，暫譯）如此描繪這位稅務調查員，「簡短的開場白，明確的陳述，平靜的表情，具體提出下一階段的做法。」

我們在幾年前曾和貝克霍夫見過面，也因此認識了這個人：一位沉默寡言卻很好相處的公務員，面對重大事件一點都不膽怯，而且他還帶了親手烤的蛋糕來赴約。

瓦爾特—博爾揚斯的做法卻招來政治上的抨擊，來自杜塞道夫邦議會反對黨、時任聯邦財政部長蕭伯樂，以及反彈聲浪最強烈的瑞士。直到今日，瓦爾特—博爾揚斯在鄰國應該是知名度最高的德國地方財政部長。二〇一二年，他甚至在瑞士遭指控，原因是違反銀行客戶保密條款、從事經濟間諜活動、洩漏商業機密、非法取得個人資料，以及窩藏贓物。最後這一項指控是諾瓦博的最愛。連瑞士銀行業協會在當時都表示：「德國變成了贓物窩。」隸屬瑞士人民黨（SVP）的外交政治委員會執行長羅蘭・里諾・布歇爾（Roland Rino Büchel）將提供德國稅務調查人員情報的告密者取名為「不知羞恥的小騙子」。

我們也認為，一旦公開調查結果，瑞士對我們的譴責會排山倒海而來。我們能承受這些，因為我們只是在盡工作的職責：發現一個弊案，調查後公開。但是我們要在此說明，《南德日報》沒有支付任何的費用，一毛都沒有，麻痺債務人無償提供資料給我們。

瓦爾特—博爾揚斯在他的任內花了一千九百萬歐元購買銀行內部的資料。他的下屬不是窩藏贓物的人，瑞士銀行才是。銀行告訴逃稅的德國人：「我知道你非法對德國政府隱瞞資金，而且你現在遇上了麻煩，因為不能在家鄉說出這一切；我提供給你較低的利息、高額的手續費，便宜地獲取這筆錢。」銀行會利用這筆錢做生意，進而延續了由逃稅者起頭的「連環犯罪行為」。瓦爾特—博爾揚斯的策略中斷了這個循環。

德國的各層法律機關都審查過這個逃稅光碟的購買案。科隆的財政法庭、杜塞道夫的地方法庭以及聯邦憲法法庭都判定該案合法。

對瓦爾特—博爾揚斯來說有一件事最重要：他的政策從來都不是針對瑞士這個國家，而是要打擊銀行裡的害群之馬。如果瑞士的聲譽受損，也不是因為他的緣故。「瑞士鐘錶師以精確可靠的工藝贏得美名，卻被部分的金融體系壞了聲譽。」

某天，瑞士銀行意識到如果對來自德國、美國和其他國家的施壓稍加讓步並釋出善意，可能會更符合經濟效益。因此瑞士提出策略，私下和德國商討一份稅收協議。德國公民在瑞士帳戶裡未申報的財產必須溯及繼往至十年，並且補繳所有欠稅，一切過程匿名進行。對德國政府而言，這筆龐大的收入非同小可，畢竟在二〇一〇年估算後，有高達一千七百五十億來自德國的非法資金存放在瑞士的帳戶。擬定的協議也有權向瑞士銀行收取資本稅並轉交給德國政府，但德國稅務機關不會得知這筆錢來自哪些人的帳戶。

條件是，德國政府不得再購買犯罪事證的光碟。聯邦財政部長蕭伯樂預期可收回一百億歐元的稅金。但是協商過程的消息走漏，瓦爾特－博爾揚斯也聽聞了這件事。他回想起：「當時我不是從聯邦財政部長蕭伯樂那裡得知擬定的協議，而是從記者們的口中。然後，有幾次在搭乘電車時突然發現協議內容的草案……那時我確定，這個協議不過是一種特權。」因此，身兼各邦財政部長會議主席的瓦爾特－博爾揚斯致電蕭伯樂，希望獲准查閱祕密協議的內容，但蕭伯樂拒絕了。於是，在接受《明鏡週刊》採訪時，瓦爾特－博爾揚斯譴責該協議是「見不得光的醜聞」。針對禁止德國購買逃稅者光碟的這點，他不滿地表示：「我們不會交出手中最厲害的武器；人害怕被發現的恐懼。」無論如何，他將竭盡所能在聯邦參議院裡抵制「向逃稅者販售贖罪券」。

事情發展也果真和瓦爾特—博爾揚斯說的一樣。德國和瑞士共同簽署了這項協議，卻在二〇一三年初的聯邦參議院會議上，遭大多數社民黨執政的邦所否決。

這份協議理所當然成了政黨之間的角力，但這場爭端卻與這位逆風而行、不屈不撓的地方財政部長的故事十分吻合。瓦爾特—博爾揚斯以另一種方式、用一個詞描述驅使他這麼做的動機：自我防衛。因為，就這麼放過那些逃漏稅的人，反而加重了誠實納稅人的負擔，因為他們無法在瑞士銀行開戶。

當時瓦爾特—博爾揚斯和他的同事們沒有預料到，瑞士聯邦情報局會派出間諜調查德國稅務人員。這名間諜叫丹尼爾・M（Daniel M.），曾經任職於警察單位，後來負責瑞銀集團的維安工作。當時他要蒐集北威邦稅務調查員的背景，那幾名負責分析瑞士信貸洩密員席納所提供的銀行資料，並以此追討欠繳稅金的人。

這名間諜顯然是受瑞士聯邦情報局委託，製作一份有關稅務調查人員個資的清單，包括地址、電話號碼、配偶的名字還有其他的生活狀況等。聽起來很稀鬆平常，執行起來卻不簡單。以貝克霍夫為例，他是個從未以真面目示人的傳奇人物。我們沒有看過他的照片，即便《南德日報》曾採訪過他，卻沒有刊登出任何照片，只是用一個黑影人像代替。現在有一名間諜要追查這位未曾在大眾面前曝光的調查人員。

瑞士情報單位在德國境內暗中調查國家公務員，這件事離譜至極。

「在朋友間進行調查是不可取的行為。」德國前總理安吉拉・梅克爾（Angela Merkel）曾經說過這句話，她指的就是前情治人員史諾登揭發美國情報局在德國的竊聽行動。

儘管如此，瑞士並沒有放棄間諜行動。

因此，間諜丹尼爾蒐集了與貝克霍夫相關的資訊，貝克霍夫則在當時成了全球家喻戶曉的人物。一個接著一個吹哨者為了提供犯罪的事證，紛紛聯繫伍珀塔爾的稅務調查團隊。顯然這些人相信調查團隊會認真處理這些資料，並且進行專業評估；還有，他們一定會付錢。有時整個硬碟就直接被放置在稅務調查員的信箱裡。

瑞士間諜蒐集這些資料的目的很快就曝光了：二〇一二年三月十五日，瑞士聯邦刑事檢察院針對三名北威邦的稅務調查人員發出逮捕令，其中一位是貝克霍夫，另外兩名則是他的同事。他們未曾在公眾場合露臉，所以我們不會透露他們的姓名。

瑞士聯邦刑事檢察院指控三名稅務調查人員唆使他人違反銀行客戶保密條款，這是可判處有期徒刑的犯罪行為。過了近十年後，瑞士仍舊沒有撤銷這項指控。其中一名稅務調查人員早就不在人世，另外兩名調查人員在這段期間已經退休。可想而知，他們從那時起再也沒有踏進瑞士，因為他們可能會立即遭到逮捕，至今仍是如此。

在最糟的情況下，我們有可能也會面臨相同的命運。遺憾的是，沒有人能在公布消息之前給我們一個肯定的答案。

我們在這段期間也曾請教過瑞士和德國的幾位律師，最後他們的結論都一樣：依據瑞士銀行法第四十七條，我們一旦公開銀行內部人士提供的資料（然而這一點尚未釐清，因為我們不知道麻痺債務人的身分），可能會面臨刑事起訴。如先所述，量刑的程度從罰款到三年有期徒刑不等。無論這些資訊是否具有壓倒性的公共利益也改變不了現況；就算是這類書籍在其他西方國家（包括德國）都能夠出版也一樣。曾共筆評論瑞士銀行法的瑞士律師克里斯多夫・溫茲勒（Christoph Winzeler）向我們解釋：「法律上並沒有明文規定記者不受此法約束。」

但我們深信，投身於超越利益的事情不會受到懲罰。不過，我們還是會感到不知所措。公開這些資料之後，我們去到瑞士真的會被逮捕嗎？瑞士政府真的會這麼做嗎？

有一點很清楚：我們不想冒著因為外洩資料而被逮捕的風險。一旦我們向銀行透露我們的調查和對他們的強烈指控，並以此坦誠我們看過內部的資料，我們還有參與調查的北德和西德廣播公司以及《南德日報》的同事們，再也無法入境瑞士。從牢房裡觀望出版的消息，還必須為此辯護，我們之中沒有人應該承擔這一切。

沒錯，在這裡寫下這些話看起來很荒謬，畢竟瑞士就在隔壁，是我們已經到訪過無數次的國家，在當地拜訪了非常要好的瑞士朋友和家人。

但是，瑞士銀行法就是如此，而且它正對我們說：小心！

第10章　石油黑錢外洩

調查報導記者會和某些人發展出奇特的緣分。我們一次又一次遇見對方，卻從來不認識他們，更不會有私交。

我們調查的眾多指控案件中，有些嚴重到會讓對方飯碗不保和影響生計，甚至會吃上牢獄之災。

我們花費幾十個小時研究他們的生活，這些人也根本無法想像，有個人對他們感到如此的好奇。聽起來像在跟蹤對方，但挖掘不為人知的事件就是我們工作的一部分：我們猜想對方處事的動機，探究他們的財力條件和私人關係。等到時機成熟，也就是事證明確時，我們就會開始向認識的友人或之前的同事們詢問消息，接著在ＩＧ或臉書上瀏覽他們度假的照片，找尋他們目前可能停留的地點。

當我們在極為敏感的資料裡發現這個人的姓名，或是可靠的情報資料來源提到這個人時，我們就會這麼做。或者像現在這樣：某個人的瑞士帳戶裡有一筆可疑的巨款，也無法合理地解釋資金的來源，我們就會著手調查這個人。

不過，白忙一場對我們來說也是家常便飯。乍看之下的貪污事件其實是合法的交易；一個看似祕密數字的帳戶，結果證明稅務機關早就知情；或者，我們根本沒有找到可以證明違法的充分證據。有時候，違法案件也不構成重大犯罪情節。德國新聞法規對記者設下很高的門檻。符合公眾利益就是最高原則，如果新聞不符合這項條件，我們就不能報導。

絕大多數的時候，我們只能沮喪地擱置眼前的調查工作，然後投入其他的報導。然而，一個人的姓名、照片，或許連同他的怪癖，這些我們耗費時日鑽研的資訊都會留存在腦海的記憶裡，有些人還會一再地出現在不同的報導之中，直到新一波的洩密資料出現。

幾年下來，我們每一個人都有獨特的朋友，一群我們持續關注的人，一旦我們收到關於他們的最新消息，就會在搜尋引擎輸入他們的名字。因為若是能找出缺少的那一塊拼圖（算是願望），就有機會能將不法事件公諸於世。

就像我們在巴拿馬文件裡發現的前德國間諜韋爾納．毛斯（Werner Mauss），他後來因為逃稅而遭起訴（他本人駁斥控訴的內容）。自巴拿馬文件公開以來，和俄羅斯總統普丁

（Putin）交好的寡頭兄弟阿爾卡季・羅騰貝格（Arkady Rotenberg）和鮑里斯・羅騰貝格（Boris Rotenberg）兩人的名字幾乎出現在每一個我們經手過的洩密文件中。還有利比亞獨裁統治者格達費的同謀，我們按照一份慕尼黑近郊垃圾處理廠的帳單尋線找到他。那是一個酷寒冬日的早晨，他頂著赤裸的啤酒肚，牽著他的獵犬，站在家口門驅離我們。很可惜這個故事還沒有被記錄下來，因為我們還找不到最後一塊拼圖，一個關鍵性的證據。

但是，有時事情進展十分順利，就能找到消失的環節。哈拉爾・約阿希姆・馮德戈爾茨（Harald Joachim von der Goltz）就是這樣的例子。這個在柏林出生的投資人出現在巴拿馬文件裡，他把五千萬元以上的美元存放在一個據稱是「防彈級」的結構裡——巴拿馬法律事務所莫薩克馮賽卡（Mossack Fonseca）的顧問如此形容這個地點——把資金分布在匿名公司和信託公司裡，所謂的祕密基金會。但是，我們能夠百分之百證明他的逃稅行為嗎？或者，如果他根本沒有那筆財產，又要如何解釋他的資產和公眾利益有關呢？當時，也就是二〇一六年，我們抱持著謹慎的態度並且決定不要刊登我們的報導，也沒有在我們撰寫的巴拿馬文件調查結果的著作裡公開他的姓名，而是在把所有的資料收好，歸類在名為「莫忘」的檔案夾裡。

美國檢察官之後接手調查此案，馮德戈爾茨在二〇一八年十二月初遭逮捕。我們拿出檔案夾裡尚未付印的文章，更新內容之後就刊登了。終於了卻一樁心願。

馮德戈爾茨的審理案件延宕多時，最終在二〇二〇年九月被判處四年有期徒刑，他也「認罪」。當時八十三歲的馮德戈爾茨說：「事實擺在眼前，我違法了。」他的一句話也證實了我們的調查結果。

我們一再看到的另一個名字就是馬丁・L（Martin L.），這名委內瑞拉籍的男子不只在巴拿馬文件裡，也在一份奧地利護照影本上發現他的名字。他是一名專門的洗錢犯，至少美國的檢調單位如此認定。馬丁最適合在Netflix影集《毒梟》（*Narcos*）中扮演配角，因為他看起來就是躲在怪異毒販老大身後的無趣會計師。實際上，洗錢的人在犯罪組織結構裡扮演著舉足輕重的角色。因為，當賺來的錢可以花掉時，罪犯才會願意從事像毒品走私這類的不法行為。但是，他們必須隱藏這筆收入的來源。這時就輪到那些俗稱洗錢犯的男人（偶爾也會有女人）出場：他們利用一連串掩人耳目的匯款交易「洗清」黑錢，最後這些交易過後的錢就會被貼上某種合法收入的標籤。德國就是一個洗錢天堂，很多時候，這些合法標籤是用黑錢，甚至用現金買入高價房地產，然後再公開轉售。原本不正當的資金就被洗白了。

馬丁已經替走私毒販洗了好幾億美元。在巴拿馬文件中的數千筆資料裡都能見到他的名字，還包括許多他的護照掃描檔。根據護照上的資料顯示，馬丁一九六五年出生在委內瑞拉首都卡拉卡斯（Caracas），除此之外，我們還找到他用來進行「投資交易」的空殼公司執照與合約。

他曾經這麼說過：我是服務全球客戶的金融專家。美國的調查人員根本不採信他的說法，二〇一五年四月在邁阿密將他逮捕。調查人員確信，馬丁不只替毒販洗錢，同時還協助委內瑞拉貪污權貴藏匿國家的財產，並且轉到國外。瑞士銀行正是這數億資金的落腳之處。

馬丁可以說是因為已故總統烏戈・查維茲（Hugo Chávez）而獲益。曾任軍官的查維茲在歷經政變失敗、入監服刑並獲赦免之後，於一九九八年投入總統的競選。「玻利瓦革命」就是他的競選承諾，做法就如同委內瑞拉獨立運動先驅西蒙・玻利瓦（Simón Bolívar）想要團結拉丁美洲的人民，去除富人的權力。然後引入社會主義：一個屬於「二十一世紀的社會主義」。

一九九八年十二月，查維茲真正當選委內瑞拉總統之後，他中止早已安排的委內瑞拉石油公司（PDVSA）的私有化，並將一千多家企業，幾乎是整體經濟命脈國有化。同時，為了在當地的貧民窟建立起醫療系統，他引進大批的古巴醫生，也在全境開了超級市場，販售低價的基本民生物資。

然而，隔沒多久，隱藏在查維茲背後的真面目就顯現出來了。他關閉了數十家廣播和電視台，把反對勢力抓入監牢，鎮壓人權運動人士。同時，他將家族成員安插在國家重要的機關裡。最初是他的父親擔任巴里納斯州（Barinas）的州長，之後由他的哥哥繼任；他的另一位兄弟出任國家電力發展部的副部長，女婿則接掌經濟與科技部部長。部長、法官和將軍都因此成了有錢人，然而許多委內瑞拉人民卻三餐不繼。

同時，毒販交易也跟著蓬勃發展。專家估計，起碼有三分之一來自哥倫比亞的古柯鹼，經由委內瑞拉走私進美國和歐洲，掌管委內瑞拉港口和機場的軍隊靠著收取賄賂過日子。

所以，隨著玻利瓦革命也讓洗錢風氣來到了鼎盛時期。在調查巴拿馬文件之後，我們持續看到這位奧地利和委內瑞拉籍的馬丁出現在資料裡，最近一次是在「金融犯罪執法局文件」（FinCEN Files），另一項全球性的金融犯罪調查行動，再次證實馬丁早已是洗錢的老手。

現在可以確認，我們熟悉的馬丁也曾是瑞士信貸的客戶。組織犯罪與貪腐舉報計畫的同事在進一步詳讀數千名委內瑞拉的客戶名單時，也發現了馬丁的名字。資料上顯示，這群人一共在銀行內暗藏了超過三十億以上的瑞郎。委內瑞拉人屬於高風險的客群，因為自一九九九年擁護社會主義的領導人執政以來，要在這個拉丁美洲國家存下財產根本難上加難，能夠成功辦到的人，多半都是透過非法的管道。

委內瑞拉堪稱當今世界上最貪腐的國家之一。這個資源豐沛的國家長年處在看不到盡頭的政治和經濟的危機之中。

在醫學上，當一個病患身上同時有多處創傷，而且每一個傷口都危及性命時，就被稱為多發性創傷。委內瑞拉就如同是一個多發性創傷的病人：五分之一的人口營養不良，自來水短缺和經常性停電是日常生活的寫照。失控的通貨膨脹讓該國的幣值不斷下跌，二〇一八年時，通膨率已經達到難以想像的百分之十三萬；二〇二一年十月，委內瑞拉政府發行刪掉六個零的新幣別，因為境內的會計系統無法再處理因為通膨而變得一文不值的百萬和上億單位。加上民生必需品短缺，五百萬名的男女老少早在新冠疫情爆發之前就逃往鄰近國家。

讓人匪夷所思的是，委內瑞拉擁有全世界最多的石油存量，近來卻也面臨汽油短缺的問題。但是，當地的經濟已無法養活自家的國民，鑽油的設備毀損，煉油的技術老舊。因此，委內瑞拉左翼政府少數盟友之一的伊朗還供給燃料給首都卡拉卡斯。

二〇一三年，時任總統查維茲因癌症病逝世後，由他的副手、早年曾任公車司機的尼古拉斯．馬杜洛（Nicolás Maduro）接掌政權。最終他把委內瑞拉變成了一個幫派國家，當多數人民苦於飢荒時，一位貪腐的高官正無恥地把錢放進自己的口袋。二〇二〇年，美國隔空起訴馬杜洛，因為他和販毒集團勾結，「意圖使美國成為古柯鹼氾濫的國家」。為了找出捉拿馬杜洛的線索，美國承諾懸賞一千五百萬美元。直到目前為止，這位委內瑞拉的元首在軍隊的支持下掌權；另一個最初受到多數歐盟國家承認，由國會議長胡安．瓜伊多（Juan Guaidó）領導的平行政府則無實權。

委內瑞拉也毫無新聞自由可言，我們長期合作的四位同事和朋友：記者埃瓦爾德．沙芬伯格（Ewald Scharfenberg）、約瑟夫．波利斯祖克（Joseph Poliszuk）、羅伯托．德尼茲（Roberto Deniz）、阿爾弗雷多．梅薩（Alfredo Meza），他們在受到越來越多的施壓之後，不得不在二〇一七年離開委內瑞拉。一位親近馬杜洛的商人對他們採取法律行動，他們面臨坐牢的威脅，更不敢指望委內瑞拉會有一個獨立的司法機構。不久之前，他們四人服務的弊案揭發平台Armando.info曾報導過，百分之四十的法官都和馬杜洛同黨。他們完全不相信法官會公正審理他們的案件。因此，為了完成該名商人的調查並且公開結果，他們決定暫時逃離委內瑞拉。另一方面，他們從推特收到對他們和家人的匿名恐嚇簡訊，也迫使他們加速做出這個艱難的決定。如今他們已經在哥倫比亞、美國和墨西哥流亡四年。

最近一次引發委內瑞拉經濟衰退是在二〇一四年的石油價格崩盤，因為國家絕大部分的經濟來源全仰賴開採豐富的天然資源。開採石油的委內瑞拉石油公司被已故總統查維茲和他的親信，所謂的查維茲塔（查維茲主義者），做為供給同是實行社會主義友邦的資金來源，以維護社會政治利益及鞏固地緣戰略友誼。然而這個資源已經消耗殆盡，因為查維茲沒有投注資金，開採設備也已過時。石油公司的管理階層是一群忠心耿耿的查維茲塔，他們的首要之務是為社會主義運動提供財務上的支持。美國不贊成委內瑞拉採取社會主義路線，因而加重對他們的制裁。

這群擁護查維茲的人不斷以各種方式掠奪委內瑞拉石油公司的資產。新聞平台「挖掘新聞」（Infodio）曾估算過，二〇〇二至二〇一四年間，總計一兆五千億美元從石油公司的帳戶裡消失。另一方面，在國營公司工作的數百萬委內瑞拉人民，他們每個月的薪水都還買不起民生必需品。委內瑞拉當前的每月最低薪資換算後約兩塊美元，但一公升的牛奶卻將近一塊五美元。

因為委內瑞拉石油公司為國際營運公司，能以合法管道取得外匯；隨著國內玻利瓦幣持續貶值，外匯需求就特別的高，掌權者才有機會對公司鯨吞蠶食。早在查維茲執政期間，政府就管控了美元的供應，此舉更是助長美元在黑市交易。正因為物以稀為貴，黑市裡的一美元價格遠高於官方的匯率。擁有多餘美元或能提供換匯的中間人就聞聲而至，好比像洗錢犯馬丁這樣的人。還有，持有許多美元，又不能把錢直接存在銀行裡的還有誰呢？答案是販毒老大。

美元黑市不只用來做為國外貨幣進入委內瑞拉的管道，還有替毒販洗錢。你只要找到把用玻利瓦幣換到的錢再繼續兌換成其他等值物品的方法。有專門的人會做這件事，還會提供相應的金融商品。

美國不只以制裁加大對委內瑞拉政府的施壓，同時譴責替販毒集團洗錢的罪犯以及掠奪委內瑞拉石油公司財產的那群人。利用美元和美國銀行從事販毒交易、洗錢和賄賂的人必須做好心理準備，以面對美國檢調人員的強硬手段。從美國緝毒局（Drug Enforcement Administration, DEA）、國土安全部、聯邦調查局或是內政部，眾多不同的單位，有時會共同對這類型的犯罪行為展開調查。二〇一五年起就已有多件起訴美國境內委內瑞拉及美國公民的訴訟程序。我們也發現其中某些人是瑞士信貸的客戶。

羅伯托・恩里克・林孔・費爾南德斯（Roberto Enrique Rincón Fernández）在二〇一五年十二月被逮捕。他和生意夥伴亞伯拉罕・荷西・希拉・巴斯蒂達斯（Abraham José Shiera Bastidas）在美國經營許多能源公司。他坦承自二〇〇九年起，為了讓他的公司可以參加委內瑞拉石油公司的標案並獲得有利的合約，於是向該公司的高階經理行賄；此外，他忘記申報委內瑞拉公司的六百萬美元股息。部分由他及其他人共同持有的七個瑞士信貸帳戶，都是在他坦承罪行不久之前和期間所開立的。其中四個帳戶在他被拘留的數個月後仍持續交易。林孔的夥伴希拉並沒有逃過一劫，同一天他在邁阿密被逮捕。二〇一六年三月他坦承罪行，他的其中三個帳戶依舊照常運作。瑞士信貸原本必須在所謂的涉嫌洗錢報告中向政府通報這一點，但銀行是否真的這麼做並不清楚，也沒有對此發表聲明。

瑞士如何巴結富有的委內瑞拉人，從納維斯．維拉羅博斯（Nervis Villalobos）的案件就看出端倪。他是查維茲任內的能源部副部長，能源當然是指石油。二〇一六年，當時委內瑞拉的民生用品供給嚴重不足，維拉羅博斯想和他的家人移居至日內瓦。如同一份法律文件上所記錄，他們一家「基於稅務原因對瑞士有極大的興趣」，才獲得居留權。因為他們有錢，所以受到瑞士的歡迎。

當美國、西班牙和安道爾調查維拉羅博斯的行動曝光之後，情勢有了一百八十度的轉變。根據美國調查人員的說法，維拉羅博斯向參與委內瑞拉石油公司標案的供應商提供相關資訊，讓他們能獲得利潤可觀的合約，他也藉此收取報酬。起訴書中載明，其中兩家供應商就是上述提到的林孔和希拉的公司。二〇一九年維拉羅博斯的居留權被撤銷，他為此向瑞士最高行政法院提起上訴。法院以犀利的言辭駁回：「在座相關人士恐有危及公共安全和秩序之虞，也會損及瑞士的聲譽及國際關係。」

維拉羅博斯待在西班牙的時間最久，美國便向該國政府發出引渡請求。根據起訴內容，早在二〇一一和二〇一三年間就已經開始勾結廠商和收受賄賂。正巧在這個時候，維拉羅博斯有了瑞士信貸的帳戶，裡面的金額超過九百萬瑞郎。至於他是否利用這筆錢進行遭起訴的案件，這一點仍有待釐清。維拉羅博斯和瑞士信貸都沒有回覆與此案相關的問題。

值得注意的是，許多這一類的訴訟案件都在美國佛羅里達州的法院審理。多數被起訴的人在邁阿密至少都有一個住所。自半世紀以來，這個城市吸引了和拉丁美洲密不可分的販毒集團和狡猾的金融專家。當地除了古巴人的流亡社區之外，還有一個大型的委內瑞拉流亡社區。

連我們的熟知的馬丁也住在這裡。根據《邁阿密先鋒報》（*Miami Herald*）指出，馬丁住在一戶要價一百萬美元的摩天大樓裡，可以眺望邁阿密海灘上的絕美島嶼和大海。他的案件特別讓人感到好奇，因為直到二〇一五年秋天被起訴之後，他都還保留著瑞士信貸的帳戶。

如果自家的客戶被逮捕和起訴，國內外媒體都爭相報導，銀行沒道理會忽略這個消息。這正是金融機構雇用法令遵循專家的原因。他們的任務就是留意可疑的客戶並向管理部門通報，用這樣的方式讓銀行和這些客戶解約。

針對這種具體事件的提問，瑞士信貸不願意鬆口，顯然也沒有針對接受洗錢罪犯成為客戶做出回應。我們又該如何解釋這一點？銀行當然不能以不知情為藉口，將自家客戶和國際罪犯及重要政治職務之人的名單進行比對是打擊洗錢行為的基本常識。

在這段期間裡，組織犯罪與貪腐舉報計畫的同事組成一個額外的小組來處理馬丁和其他眾多銀行裡的委內瑞拉客戶的案件。和他們多次合作的沙芬伯格，以及他在Armando.info調查平台的同事也加入委內瑞拉專案小組。他們仔細檢查我們資料裡和委內瑞拉有關的六千多筆瑞士信貸帳戶資料，從一個又一個名字裡找出之間的關連性，揭發以往未知的線索。

同時，我們正設法取得起訴馬丁的法庭檔案。有一件大家一定要知道的事：和德國相比，在美國輕而易舉就能取得法庭審理過程或是調查程序的文件。只要登入一個中央的線上資料庫，就能輕易地瀏覽相關文件，花幾塊美元就能下載幾百頁的檔案。相形之下，德國在這方面就顯得十分落伍，不只沒有文字記錄，也不是每個人都能查閱法庭的檔案。

二〇一五年四月十三日，馬丁頭一回不得不出庭以讓法官決定是否拘留他時，情勢看起來並不樂觀。很快就看出，美國當局花了多大的心力捉拿馬丁。一名美國聯邦檢察官表示，這是「多年調查行動後的最終一擊」。美國緝毒局、國土安全部和其他部門的特務人員監聽馬丁在美國和外國的通話，並且向網路供應商查封他在電子郵件帳戶裡的內容。

同時，馬丁也向美國緝毒局提供情報，指證毒販和洗錢犯，然而，根據一名調查人員在法庭的陳述，他常常不說真話，也激怒了美國當局。當法官問及，情治人員在監聽中找出哪些和馬丁有關的訊息時，聯邦檢察官回應：「事實上，L先生運用了一套全球的金融系統，以哥倫比亞販毒集團和革命性準軍事組織的名義，轉移了至少四千萬美元。」此外，他的「投資行為」只是用來掩蓋替販毒集團洗錢的手法。

起訴書裡列出許多他名下的公司，我們從巴拿馬文件裡已經得知了幾家。調查人員同時也查獲他用於交易的近六十個帳戶，分別隸屬新加坡、巴拿馬、香港和瑞士的銀行。其中兩家是瑞士的私人銀行，但確定不是瑞士信貸。調查人員並沒有列舉馬丁在瑞士信貸的資產。

檢察官指控馬丁以不正當手段利用委內瑞拉局勢謀利。因此，他是協助洗劫委內瑞拉國庫的共犯之一。調查人員相信，他被拘捕之前已經把錢送到安全的地方，銀行文件就是證據。但他們並不知道錢的去向。

一名美國的女性檢察官是這麼說的：「我們已經得知瑞士的銀行帳戶，裡面的金額多寡我們並不清楚。庭上，這點還有待我們向瑞士請求法律協助。那是一筆巨款，還有更多未發現的交易。您知道，就被告所擁有的財產而言，這些幾百萬或兩百萬美元對他來說只是九牛一毛。」

於是，美國調查人員向瑞士司法部門請求司法互助並等待回覆，同步也向哥倫比亞和香港政府提出同樣的請求。馬丁在審前遭羈押時，他的律師團想方設法要抗爭訴訟。二〇一五年十一月，馬丁落網後的七個月，法院裁決不得再延遲審判時程。因此檢方向法院提出聲請，尚待瑞士、哥倫比亞和香港提供的證據。當時早就知道，這些資料無法在開始審判程序之前抵達，讓檢方功虧一簣。最後達成一項協議，馬丁只要承認犯下情節較輕的簽證違法行為，被關押數個月後就能重獲自由，並撤回對他的洗錢指控。關注此案的眾人認為該審判過程極為不尋常，美國在司法上吃了難堪的敗仗。前檢察官、研究洗錢案的專家查爾斯・因特里亞戈（Charles A. Intriago）向《*Vice*》雜誌發表對此案的看法：「如此唐突和迅速地放棄這種洗錢案件，對政府來說是沉痛的一擊。」

馬丁繼續住在邁阿密，在他ＩＧ的個人簡介當中自稱是「業餘風箏衝浪教練、雜耍者、藝術愛好者和古董商」。我們曾寫信給馬丁，直到本書出版之前，他都沒有任何回應。

在這場起訴案之後，與馬丁有往來的多家銀行紛紛向美國官方金融犯罪執法局提交他涉嫌洗錢的事證。過了不久，一名女性吹哨者竊取了這些證據，後來就成了大家所熟知的「金融犯罪執法局文件」。我們也參與此案的調查行動，因此曾搜尋過資料裡的內容。根據兩份可疑的交易報告可看出，馬丁在二〇〇七年至二〇一六年期間，透過他的公司和兩家美國銀行替委內瑞拉的生意夥伴轉移了七億四千八百萬美元。這些涉嫌洗錢的報告是否會促成進一步的司法調查程序，目前情況還不明。

然而，許多委內瑞拉人民無法再忍受國家資產被掠奪，嚴厲譴責全球的銀行。扎伊爾·蒙達雷（Zair Mundaray）就是其中一人。

他曾為委內瑞內檢察總長路易莎·奧特加·迪亞茲（Luisa Ortega Díaz）工作。蒙達雷是一位受人景仰的檢察官，也是法律和秩序的捍衛者。眼看著自己的國家衰敗和民主精神被侵蝕殆盡，他和他的老闆更加感到於心不忍。奧特加一度是倡導社會主義的查維茲的死忠追隨者，卻成了批判查維茲接班人馬杜洛政權最猛烈的人。當她和蒙達雷一起對政府官員提起貪污調查時就接到了恐嚇電話，蒙達雷被以叛國罪為由下達逮捕令，連奧特加的先生也遭到警方的搜索。因此，他們決定在最短的時間內離開委內瑞拉前往哥倫比亞。蒙達雷不想和他的前上司一樣說出自己抵達鄰國的方式。他只交代有人協助他，必須利用「非正常的管道」才能平安到達。他的老闆則是前往岸邊，登上一艘快艇，經由加勒比海的阿魯巴島（Aruba）再逃往哥倫比亞的首都波哥大。蒙達雷早在幾天前就已經先行抵達當地。

蒙達雷的家人和之前的幾名同事也陸續來到哥倫比亞。身為前委內瑞拉檢察總長的奧特加則有隨扈保護，因為深怕遭到委內瑞拉政府的毒手報復。在這段期間，蒙達雷以律師為業，還特別為委內瑞拉流亡政府提供法律諮詢，他在波哥大和幾名前檢調人員碰面，彷彿組成了一個哥倫比亞境內的「迷你卡拉卡斯」。其中幾名檢調人員私下把調查檔案偷渡出委內瑞拉，包括上千頁的合約掃描檔或匯款證明，這些就是政府高層的貪污事證。

我們在清晨時刻透過視訊聯繫上了蒙達雷，當他描述逃亡的經過時，說話的速度也跟著加快。我們能夠察覺出這些經歷帶給他的壓力有多麼沉重。他說「這是人道的、家庭的、個人的和工作上的悲劇」，「我只能帶著一只提袋，和穿在我身上的衣服」。他深知自己在調查過程中太逼近這些勢力：一群追隨前總統查維茲和繼位的馬杜洛的人，具體來說就是核心的支持者，蒙達雷口中的「玻利瓦寡頭」：擁護玻利瓦革命先驅的階級權貴。

蒙達雷肯定地表示，這些人將國有的委內瑞拉石油公司當成是自助商店。「他們奪走了這個國家的一切。」這群人利用各種的違法的手段將石油公司的財產運送出境。「他們慣用的手法就是偽造服務合約、交貨合約或是買賣交易。」透過這種方式，錢就能匯到世界各地，像是匯往美國、安道爾，還有瑞士的帳戶。當然，我們在資料中發現，這些錢也進了瑞士信貸的帳戶。

二〇一八年，瑞士金融市場監管局確定瑞士信貸「未遵守洗錢防制監控義務」。「多年來」，銀行遲遲未能解釋，誰是合約中真正受益的一方，擁有這些資金的又是何等人物，以及客戶的洗錢風險有多高。不僅如此，文件記錄上也多有不足。

「銀行簡直就是這些罪犯的幫凶。」蒙達雷如此說道。那些執行法令遵循的專門人員原本就應該發現，每筆轉帳交易不為支付款項，只是假借這種方式洗錢而已。「怎麼可能沒有看出某幾家新成立的企業沒有過往的資金記錄，它們沒有生意往來，沒有生產工廠，更沒有辦公地址；它們什麼都沒有，卻跟一個國家簽約，這是一眼就能發現的事實。」蒙達雷憤怒地說：「不是專家都看得出來。」

二〇一六年，美國調查人員首度連絡瑞士政府：美國司法部調查委內瑞拉的貪污弊案，因此需要十八家瑞士銀行的資料，其中包括瑞士信貸。調查人員希望能從這些資料裡找出不法的證據。

二〇一七年十二月，瑞士聯邦刑事檢察院展開「做案人不明」的偵查程序，但隔沒多久就結案了。引述內部官員的說法，因為委內瑞拉司法部沒有提供任何證據。包含蒙達雷在內的幾名調查人員，不久之前已經逃離委內瑞拉，而接任他們職務的人顯然不想和政府作對。

第11章　歷史性的認罪

二〇一四年五月裡的某個星期一，當時的美國司法部部長艾力克・霍德（Eric Holder）從簾幕後方現身並站上發言台時，台下相機接連閃爍不停。他沒有太多的開場白，接著說明美國針對瑞士金融機構，也就是瑞士信貸刑事起訴案件的結果。「在歷經多年千辛萬苦的調查之後，」他終於能在這一天宣布銀行做出「歷史性的認罪」，並對銀行處以「刑事稅務案史上最高的罰款金額」。瑞士信貸將支付超過十八億以上的罰款。

霍德知道，這一天他打贏了這一仗。他神情輕鬆地站在記者面前，看得出嘴上的鬍子修剪過，脖子上的領帶繫得很完美，用簡短明確的言辭打擊銀行，表達的清晰度更是無可挑剔：「瑞士信貸不僅知道這些非法的、跨境的銀行交易，還蓄意協助和唆使。」

當時，瑞士信貸並非唯一一家和美國政府起重大糾紛的瑞士銀行。我們在第七章也提過，瑞銀集團受到美國施壓，如果不想冒著可能退出美元市場的風險，必須提供在該行的美國客戶資料給稅務調查人員。瑞士信貸和瑞銀集團都面臨抉擇：正面迎戰或是讓銀行倒閉。

後來呢？

濃縮版本的答案：

美國政府決定不再讓瑞士銀行戲弄下去。

完整版的故事：

美國比起多數其他西方國家政府明顯都早了一步，在九〇年代末期就決議要終結美國公民把錢匯往盧森堡、百慕達和瑞士的逃稅行為，而且手段不顧一切後果。二〇〇九年一月二〇日上台的總統歐巴馬（Barack Obama）曾說：「美國強烈重視國家利益，全體美國納稅人必須遵守納稅法規。」

有別於多數國家，一個美國公民住在哪裡，對美國財政部，特別是美國國家稅務局來說一點都不重要，只要他在美國誠實納稅。沒有一個人可以逃過這項規定，某種程度上來說，要定義美國的納稅人並不困難。

美國這種要求對世界上其他國家，特別是對當地的銀行也意味者：不遵守納稅規定的人將面臨嚴重後果。

歐巴馬在擔任美國伊利諾州參議員時，就已經呼籲對逃稅者採取嚴厲措施。當他成為美國總統之後，就更有權力貫徹這項要求。美國當局也果真開始發動攻擊，調查人員也早就整裝待發。

瑞士歷史學家陶伯樂在《瑞士銀行保密條款之戰》一書裡直接點明：「和德國總理候選人斯坦布律克的做法不同，白宮不光用出兵威脅敵人，而是真的發動戰爭。」

第一家被美國盯上的瑞士知名銀行正是瑞銀集團，也是瑞士信貸的競爭對手。瑞銀在當時所承受的損失，衝擊了整個銀行業。當然不僅驚動了瑞士，也驚動了其他國家。

但是從一開始，在二〇〇八年六月時，美國司法部和證券交易委員會（Securities and Exchange Commission, SEC）調查瑞銀集團的消息已經傳開來了。罪名是：銀行涉嫌從二〇〇〇年到二〇〇七年，不斷協助上萬名美國公民逃稅。美國當局起初就不打算對這件事善罷干休，他們不僅表示這是「大規模的詐欺計畫」，甚至是「自九一一事件以來對美國最嚴重的攻擊」。

此外，美國調查人員也掌握一名重要的線民：前瑞銀集團員工布拉德利・柏肯菲德（Bradley Birkenfeld），就是在第七章出現的瑞銀集團內部吹哨者。這位美籍銀行行員曾任職於多家銀行，九〇年代也曾在瑞士信貸服務。當時他負責接洽美國的有錢人和超級富豪，和他們一起在摩納哥觀賞一級方程式賽車比賽，穿梭在邁阿密的巴塞爾藝術展。必要時（以他個人的說法）還曾幫客人夾帶鑽石在牙膏軟管內偷偷帶進瑞士。

二〇〇七年，承諾吹哨者可因提供消息獲得財政部收回款項的百分之三十做為酬勞，這項規定在美國生效之後，二〇〇五年離開瑞銀集團的柏肯菲德就主動表示願意參與這項計畫。如今他不避諱地直言說：「我揭發了世界上最大的逃稅弊案。」

正當我們研究瑞士信貸的資料，檢查了一個又一個帳戶時，柏肯菲德突然和我們聯絡。自二〇一六年巴拿馬文件公開以來，我們就陸續碰過幾次面。有一次，他因為啤酒節來到慕尼黑，還有一次是因為他想在德國買一座小城堡。這回他來到德國，是考慮把慕尼黑做為保護吹哨者組織的據點。

我們和柏肯菲德在慕尼黑中央車站附近的一間高級飯店裡碰面。一個擁有足球員身材的五十幾歲男子朝我們走來，襯衫的扣子大開，右手戴著一枚超級盃的戒指，就像國家足球隊贏得冠軍一樣。那枚戒指是向專業選手買來的，這點錢對柏肯菲德來說不算什麼，因為他獲得美國當局給他稅後超過七千萬的美元，做為他提供瑞銀集團不法事證的報酬。

我們每回和他碰面的時候，幾乎都只有他一人滔滔不絕地說話，他把許多刺激精彩的故事講得有聲有色。因此，當他重複提到和瑞銀集團及瑞士銀行客戶保密條款之間如史詩般的戰役時，我們也聚精會神地聆聽。

不僅是瑞銀集團不得不在這場戰役中吞下敗仗，柏肯菲德也沒有獲勝。事後證實，他沒有全盤托出已知的客戶訊息，因此在美國遭到起訴。他觸犯了刑法，就算他供出前東家許多更重大違法的行為也救不了他，於是他被判四十個月的有期徒刑。這麼做也讓他在出獄後成為有錢人，從那時起，他坐擁淨值一億以上的美元過生活，過著他還在替瑞士銀行工作時，富豪客戶曾向他展示過的生活方式。

在此期間，柏肯菲德擁有一棟位在馬爾他島上的度假別墅，也剛在義大利置產。他飛往世界各地，在法庭和調查委員會指證瑞銀集團的不法行為，同時幫助其他的吹哨者，或像我們這樣的調查報導新聞記者。

例如，他會向我們推薦有趣的訪談者，替我們和某些他早已認識的銀行行員牽線。「或許他們會想聊聊，」柏肯菲德接著說：「雖然我認為可能性不高。」

柏肯菲德是少數因為協助官方政府而一直獲得利益的吹哨者。這筆交易對美國來說也值得。二〇〇九年二月，瑞銀集團和美國當局達成協議，銀行因協助客戶逃稅必須支付七億八千萬美元的罰款；此外，銀行也為自己的行為道歉，並承諾未來將對美國當局通報每一位新的美國客戶。

儘管如此，美國在這項協議中還加入了一項條件。瑞士政府已經提供了兩百五十五個銀行客戶姓名，但美國調查人員仍不滿意，他們想要更多的名單，一共五萬兩千筆資料。因為瑞銀集團曾談到自家銀行有這麼多的美國客戶。

美國的訊息已經說得一清二楚：提供名單，不然就等著官司捲土重來。屆時，瑞銀集團不僅要面臨更高的罰款，甚至會被吊銷在美國的營業牌照。一旦美國將瑞銀集團在美元交易市場上除名，等於終結銀行的全球營運事業。

如此一來，不只是瑞銀集團遇上難題，連帶也會殃及瑞士的銀行業，因為這表示瑞士銀行客戶保密條款有協商的空間。如果美國設法迫使瑞士最大銀行交出美國客戶名單，又該如何阻止他們對第二大、第三大，甚至是所有瑞士銀行採取同樣的做法？

為此，瑞士也不甘示弱地反擊。二〇〇九年三月，瑞銀集團總經理馬克・布蘭森（Mark Branson）在美國參議院解釋，瑞士不可能交出銀行客戶資料，因為這麼做違反瑞士的法律，觸犯銀行法第四十七條銀行客戶保密條款。瑞士政府更勝一籌，說此舉「侵犯了瑞士的主權」。

從美國的角度來看，這兩種論點都沒有說服力。美國認為，如果瑞銀集團陷入「管轄權衝突」，責任也不在他們身上。美國明確表示，他們看待自己執行稅法的利益遠大於瑞士遵守銀行客戶保密條款的權利。這就是「大吃小」，美國山姆大叔對上阿爾卑斯山裡的小國家。

同時，美國在各方面持續打擊瑞士。在媒體關注下，美國調查人員逮捕了一個又一個逃稅的人，並且公開指出其他瑞士銀行和瑞銀集團一樣，曾協助客戶逃稅。這是一記警告，一開始沒有披露這些銀行的名字，但瑞士銀行界已經陷入恐慌。

二〇〇九年三月，美國提出一項自首方案：所有主動告知瑞士祕密銀行帳戶的美國公民，政府允諾將處以低額的罰金。訊息很明確，自首的人從輕發落，繼續隱匿消息就等著被追捕。美國國家稅務局預估會有一波自首人潮，為此還額外招聘八百名人力來處理這些自首的案件。

有一種場面會特別令瑞士寒毛直豎：美國稅務調查人員在審訊自首的逃稅者時，曾向他們詢問整個欺騙行為的過程。在瑞士的哪家銀行？負責的職員是誰？怎麼進行聯繫？藏匿資金的方法有哪些？銀行知道有逃稅這件事嗎？

每得到一個答案，稅務人員腦海中的事件圖像也變得更加清晰。這就是為什麼調查人員通常會和犯罪集團合作：他們由外到內進行調查。一個嫌疑人提供的線索使另一個人遭殃，一個接續一個，認罪之後又有新的事證出現。

內部呢？瑞士銀行的行員安穩地坐在辦公室裡，絲毫不知危險正朝他們逼近。這不光是瑞銀集團的事件，而是全瑞士銀行上下的事，更是一樁國家級醜聞，又或者如同瑞士保守派媒體所下的標題：「稅務戰爭」。

因此，雙方都各自擺好了武器。瑞士政府威脅要沒收瑞銀集團的客戶資料，說得更生動一點，就是把它們鎖在瑞士，阻擋銀行的資料流向美國。另一方面，美國宣布要重啟對瑞銀集團的訴訟，瑞銀集團可能面對存亡危機。《新蘇黎世報週日版》（*NZZ am Sonntag*）稱此案為：「瑞銀集團的命定日」。

與此同時（以戰爭做比喻）雙方也在私下進行和平談判，而且有了結果。二〇〇九年七月三十一日，時任美國國務卿的希拉蕊・柯林頓（Hillary Clinton）和瑞士外交部長，社會民主黨的米舍利娜・卡爾米－雷伊（Micheline Calmy-Rey）向大眾宣布一項協議。重點是，瑞士不再堅守固有的原則。協議的內容和以往不同，銀行不再只需要提供「稅務申報不實」的資料，還包括「稅務申報不實和類似的違法行為」。聽起來差異不大，但對美國的逃稅者來說，要面臨坐牢與否的不同命運。

也就是說，瑞士將逃稅和稅務申報不實做出了區隔。簡而言之，逃稅只是「忘記」在報稅時說明收入的金額；稅務申報不實卻是一種偽造文書的行為，像是在薪資證明上造假。一直以來，瑞士只提供稅務申報不實的資料，但和美國協商之後，措詞就變成「稅務申報不實和類似的違法行為」。現在犯罪情節較輕的逃稅者也不能放過。

不過，這項協議不得溯及既往，美國逃稅者和銀行要承擔的風險也因此小了一些。任何人趕在法規生效之前，及時從瑞士銀行提取資金再存到其他地方，就不必擔心自己的名字會被交給美國的稅務機關。

雖然瑞士的談判代表無法要求美國在未來不會對其他瑞士的銀行提告，不過瑞士政府交出四千四百五十名瑞銀客戶的名單已如了美國政府的意。即使名單人數與最初要求的不符，但還有自首方案同步進行中；就算沒有達到理想的目標（自首的人數不足），美國也不會就此放棄。在雙方簽訂協議的一年裡，美國如果沒有收到至少一萬名瑞銀集團內部的美國逃稅者資料，他們在法律上保留強制瑞銀集團交出最初要求五萬兩千個姓名的權利。

這份協議要如何進行？這是許多關注此案的人心中的疑問。至少，美國國稅局局長道格拉斯・舒曼（Douglas Shulman）談到了「揭開瑞士銀行客戶保密條款面紗」的重要步驟。大西洋彼岸的保守派報紙《世界週報》（*Die Weltwoche*）總編輯羅格・科佩爾（Roger Köppel）

絕望地表示：「銀行客戶保密條款的時代」已經「結束」，現在連外國官員都「深入保險庫」刺探一番了。

其實，最初也只有美國能成功揭開（部分）瑞士銀行客戶保密條款的神祕面紗。其他國家仍像以往一樣觀望著瑞士銀行裡的黑盒子，他們自家國民可以背著稅務機關把錢存在裡面。

此外，美國國稅局早就盯上瑞士的其他銀行。替幾名瑞銀集團美國客戶辯護的美籍稅務律師威廉・夏普（William Sharp）推測：「美國當局以瑞銀集團的案子為藍本，起訴協助美國客戶非法轉移國庫公款的所有瑞士銀行。」約有二十家銀行涉案。

夏普的話似乎是對的。

因為美國的自首方案不僅替美國當局抓到了知錯的逃稅人，還如預期般釣出幫凶。美國國稅局長舒曼在二〇〇九年八月時表示：「我們的追查行動不會止於瑞銀集團的案子。」他暗示說，已經有超過四百名逃稅者自動投案，不只有瑞銀集團的客戶，還有其他的銀行。會不會是瑞士信貸呢？

瑞士銀行不得不意識到，他們不再能指望瑞士政府百分之百的支持，情勢慢慢轉變了。瑞士外交部長卡爾米—雷伊對此表示：「瑞士聯邦委員會不樂見非法資金是靠著銀行客戶保密條款掩護才得以藏匿。」

是時候採取新的做法了：阻止「黑錢」繼續進入瑞士。於是，瑞士信貸於二〇〇九年底宣布，不再接收來自鄰近國家的贓款。然而，銀行卻沒有定義「鄰國」與「贓款」這兩個詞，該怎麼執行或控管其中哪一個項目，也沒有做出太多的說明。還有，該如何處置那些已經存在銀行金庫裡的不法資金？

瑞士甚至願意與其他國家交換資訊並簽署了相關的協議。此舉也讓瑞士在二〇〇九年從經濟合作暨發展組織的觀察名單中剔除，抹去原先被冠上不合作國家的恥辱。然而，經濟合作暨發展組織隨後不久卻批評瑞士限縮了行政援助的計畫，「阻擋了有效的資訊交換」。

同時，美國也沒有停下腳步。二〇一〇年初，美國參議院通過了所謂的美國外國帳戶稅收遵從法（Foreign Account Tax Compliance Act, FATCA），目的是迫使全球各家銀行交出美國納稅人在該行的記錄。拒絕配合的銀行，將自動扣除他們在美國的百分之三十證券收入，不是美國客戶的交易也一視同仁。美國政府的做法實際上意味者：不聽話的銀行，今後無法在美元市場生存。

隔沒多久，二〇一〇年七月十三日，超過一百名的警力搜查瑞士信貸在德國的十三家分行。起因是德國政府向瑞士信貸員工席納．L以及他的同夥購買了逃稅光碟。銀行的客戶都要接受偵訊，和在美國的情況一樣，稅務人員一夕之間盯上這些客戶的銀行顧問；無論男女，只要有協助逃稅的嫌疑。歷史學家陶伯樂在《瑞士銀行保密條款之戰》裡寫道：「一千五百名瑞士信貸客戶之中，許多人在案件審理期間譴責協助逃稅而被盯上的銀行顧問。」

另一方面，美國也同步進行獨立於德國訴訟程序以外的調查行動。美國國稅局長舒曼在二〇一〇年秋天表示：「我們要明確地告訴所有納稅人，我們對遵守稅務法規是認真的。」從自首方案裡，美國官方得知了一萬個稅務申報不實的帳戶，其中有一些瑞士信貸的客戶。舒曼也向與此案相關的銀行發出警告：「這個問題不會憑空消失，試圖把財產和收入藏匿至海外來規避美國稅法的人，以及協助他們的銀行和顧問，在我們努力追查之下，他們處境將會越來越艱難。」

同時，美國司法部私下要求瑞士提供十家銀行的客戶名單。二〇一〇年十二月，瑞士信貸被通知美國當局要對他們進行調查，而且不只針對幾名員工而是整家銀行。幾星期後，美國司法部起訴七名瑞士信貸的員工，罪名是：主動協助美國客戶逃稅。

漸漸地，瑞士的銀行被逼得喘不過氣來，他們大概也明白不能再這樣下去。二〇一一年秋天，連同瑞士信貸在內，越來越多的瑞士銀行最終還是交出美國客戶的資料，可是沒有名字，只列出了代號。

二〇一一年九月，瑞士信貸因被指控協助逃稅，同意向北威邦法院支付一億五千萬歐元罰金。對北威邦及其財政部長瓦爾特－博爾揚斯來說，花幾百萬元的稅金購買逃稅光碟也值得了。這項協議的誕生要歸功於向席納和他們同夥沃夫剛所收購的銀行資料。

可是，美國當局還是覺得不夠，他們想要更多、更完整的資料：美國客戶和所有瑞士銀行的信件往來，包含與資產管理人、委託者和律師的通訊記錄。他們想要電子郵件、傳真、會議記錄、備忘錄和簡報，總之就是一切記錄。美國司法部門限瑞士信貸在二〇一一年十二月三十一日必須繳出所有資料。

然而，銀行錯過了截止日期。然後在二〇一二年一月，瑞士信貸看見自己所要面對的威脅：以起訴銀行家和其他金融罪犯而聲名大噪的知名美國檢察官普里特・巴拉拉（Preet Bharara），他起訴了三名瑞士韋格林銀行（Wegelin）的三名員工。不久之後，這家享有兩百五十年歷史的銀行不得不歇業。

瑞士國內的壓力也隨之而起。二〇一二年四月，瑞士金融市場監管局不是逼迫銀行交出客戶名單，而是交出自家員工的姓名給美國。他們寧願自己的員工受死來保護客戶。

就在同一時期，瑞士和德國正商討一份稅收協議。那是一筆巨款，因為根據估計，光是存在瑞士銀行裡的德國不法資金累積高達一千九百三十億瑞郎。德國的談判代表希望瑞士能定期提供開戶人姓名及帳戶狀況，瑞士只願意提供一筆稅金賠償，以換取交出德國客戶名單的條件；瑞士銀行能保留一定比例的收入，其餘的則匯到德國的稅務單位。德國稅務協會（Deutsche Steuer-Gewerkschaft, DSTG）稱此舉是「出售贖罪券」，社民黨黨魁西格瑪．加布里埃爾（Sigmar Gabriel）更表示這麼做是「打了所有誠實納稅人一記耳光」。如同在第九章所述，這項協議最終在聯邦議會上遭到社民黨主政的邦政府所否決。

二〇一三年三月，瑞士信貸的「德國市場管理」部門邀請眾多德國稅務律師參加一場通話會議。當時，瑞士信貸大約有一萬名德國的客戶，德國亦是國外業務的重點市場。在幾週內，德國客戶紛紛接到銀行的來電，請求他們提供存在瑞士帳戶資金的繳稅證明。銀行顯然想要幫助客戶和他們的律師解決問題。

銀行對客戶的態度有了不可思議的轉變。以往，瑞士信貸和多數瑞士銀行經常表示尊重客戶隱私。甚至在二〇一〇年，當時的瑞士信貸董事長華特．貝赫托特（Walter Berchtold）在接受《時代週刊》（*Die Zeit*）訪問時表示：「根據我們國家的想法，保護銀行客戶的隱私是合法且重要的。」因此，瑞士信貸「不會主動詢問客戶的資金是否已報稅」。按照貝赫托特的說法，這麼做的效用不大，因為銀行無法監管這些資訊。他的說法引起一陣嘩然，因為要檢查稅務證明並不困難。同年，他清楚地表明根據他的想法所要遵循的路線：「我們的法律和道德義務僅限於不主動協助客戶逃稅。」關鍵就在於「主動」二字。

根據德國法律專業媒體《*Juve*》的消息（他們內部員工消息向來很靈通），二〇一三年接洽的客戶都收到德國稅務局一長串的推薦名單。瑞士信貸邀請了德國最頂尖的稅務律師和稅務顧問參加上述提到的通話會議。在會議中，瑞士信貸的經理說明有任何疑問或是需要「後續商討」，隨時都可以找他。

幾週以後事情確實有了進展，調查人員又再度搜尋涉嫌逃稅的人。這回是萊茵蘭—法爾茲邦（Rheinland-Pfalz）向不明人士購買瑞士的銀行資料。二〇一三年四月《柏林日報》（*Berliner Zeitung*）的頭條：「美茵茲（Mainz）花了數百萬取得新的逃稅光碟」，內容牽涉許多瑞士信貸的客戶。科布倫茲（Koblenz）檢察機關對多家銀行、連同二〇一二年併入瑞士信貸的克拉瑞登列伊銀行的多名員工，因涉嫌協助逃稅的罪名，提起偵查程序。

不難理解捍衛瑞士銀行保密條款的人一定有一種全面開戰的感覺。在這種氛圍底下，右翼保守人士發起「絕對保護個人隱私」，核心訴求是：銀行客戶保密條款應該納入國家的憲法。支持右翼人士倡議的保守派議員托馬斯·馬特（Thomas Matter）在這場爭論中提出警告，一旦某些國家的國民再也無法匿名把資產藏在瑞士，他們很可能會「被沒收財產、勒索、綁架，甚至是被殺害」。維護銀行保密條款人士一再使用這個論點：瑞士的祕密帳戶對有錢人來說是絕對必要的，要是這些人的財產在墨西哥或哥倫比亞等國家曝光，他們的處境會變得極度危險。這一點始終遭到反對者的批評：如果我們仔細想想，應該要建議這些有錢人千萬不要展現出他們的財力；他們不該購買別墅、豪華轎車、珠寶或名貴的衣服。（幾年後，馬特就撤回他的倡議了。）

二〇一四年十一月，瑞士簽署了一項國際合約，堪稱是瑞士史上值得標註的重大事件。合約上要求，自二〇一七年起，銀行必須在所謂的稅務用途資訊自動交換的規範下，和其他國家交換國外客戶的資料；緊接著要擬訂和各別國家的相關協議。

同年，美國司法部長霍德出席記者會，如同在本章開頭所描述的場景，為了給瑞士信貸一記迎頭痛擊。然而，瑞士信貸卻絲毫沒有興趣公開回擊，反而向美國當局坦承過錯，希望能藉此逃過起訴。事實上，很多美國的官員也擔憂，起訴不只會打擊瑞士信貸，可能也會撼動全球的銀行業。因為銀行「大到不能關」，像是銀行術語所說，基本上不只對瑞士具有「系統性重要」的地位，對全世界來說也一樣。因此，負責監管全球金融系統的國際金融穩定委員會（Financial Stability Board, FSB）將瑞士信貸列為三十家「全球系統性重要銀行」之一。簡單來說，一旦瑞士信貸倒閉，全球經濟也會跟著受到影響。

《紐約時報》（*New York Times*）稱讚瑞士信貸的認罪行為，內容寫道：「瑞士信貸坦承自己的罪行，這是和他同等規模和重要性的其他家銀行在過去二十年裡也做不到的事。」

美國的壓力卻來到最高點，不只是霍德帶領的司法部門，連同參議院也一樣，更確切地說：常設調查小組委員會（Permanent Subcommittee on Investigations, PSI），美國參議院最具影響力的小組委員會之一，把矛頭指向了瑞士信貸。

在民主黨參議員卡爾．列文和共和黨參議員約翰．麥肯（John McCain）的領導之下，逾十二名專家耗費長達兩年的時間，針對官方命名為「蒐集隱藏在離岸帳戶中的數十億未繳稅款」一案進行調查，內容涉及存在避稅天堂的數十億未繳稅的財產。主要調查內容是針對瑞士、瑞士信貸、瑞銀集團，以及他們協助美國人逃稅的事實。

二〇一四年二月二十六日，常設調查小組提出一份長達一百八十一頁的結案報告，給了瑞士信貸毀滅性的一擊。瑞士信貸自二〇〇六年起就替兩萬兩千名以上的美國客戶管理帳戶，存款總金額超過一百二十億瑞郎，其中多數都是不法的資金。雖然銀行在二〇〇八年至二〇一一年期間推出所謂的「退出專案」，藉以逼迫美國客戶向美國當局坦承帳戶的存在，卻還是有超過六千個居住在海外的美國人帳戶遭到「忽略」。

根據常設調查小組人員的指控，瑞士信貸的行員協助客戶向美國當局隱匿帳戶。超過一萬美元的匯款金額應該通報給美國當局，然而行員卻刻意將大筆的匯款拆成數筆較低的金額。銀行顧問把客戶的交易明細藏在體育雜誌內頁再轉交給他們，這樣一來就沒人會發現，尤其是好奇的調查人員。此外，瑞士信貸位在紐約辦事處（全美二十七個分據點之一）有一份重要電話號碼的清單，能聯繫協助建立空殼公司的金融服務供應商。

瑞士信貸「大概也曉得，某些美國客戶不想跟美國當局透露帳戶資訊，並刻意忽略他們未申報帳戶，偶爾也主動協助這些客戶隱瞞財產的價值」。

例如，藉由蘇黎世機場內的特殊服務，據說已有近一萬名美國人使用過這項服務。銀行客戶能夠在一家專門分行（代號SIOA5）辦理業務，只要搭乘一部遠端搖控的電梯就可以抵達，因此根本不需要離開機場。這些人只要下飛機之後，仔細看過帳戶的明細就可以繼續飛行。法國電視台France 24把這種服務稱做「逃稅美國人的終極銀行前哨站」。

但對美國人來說，銀行天堂瑞士已經成為過去式。美國在「稅務戰爭」中獲勝，其他國家的客戶可以繼續在瑞士非法藏匿他們的財產，美國人則興趣缺缺。

從那時起情況就很清楚了：沒有一家銀行的經理會在腦袋清楚的情況下接受不誠實報稅的美國人，而且必須儘快剔除那些舊有的美國客戶。更別說是未來想和美元做生意，並繼續擁有美國客戶的銀行。

我們是這麼想的。

然後，我們把手中的洩密資料按照「美國國籍」分類後大吃一驚，因為美國籍客戶多達上百名。

第12章　奈及利亞的國王

二〇〇七年二月二十八日上午十點，一名自稱是愛德華・塞德的男子出現在慕尼黑奧爾良街三十四號的巴伐利亞邦刑事調查局的辦公室裡。陪同他出席的是一位知名的律師，一位老練的辯護律師。塞德在這裡一共接受三次偵訊，今天則是第一次，事關德國迄今最大的金融醜聞：西門子賄賂事件。

我們聽說，在歷經五個半小時的初步談話之後，他清楚知道檢察官掌握到他的情況，這時他才真正準備開口。偵訊筆錄中明確記錄了塞德得到了足夠的咖啡和水，之後還有「一頓飯」。詳情在筆錄上就沒有多加說明了。

塞德是這起醜聞案件的關鍵被告之一，他被指控涉嫌二十二起外國政府官員賄賂案。罪名多半都和電信部門有關，西門子內部稱做COM，正是塞德從一九八五年到二〇〇四年在奈及利亞掌管的部門。一九九九年他接管當地所有西門子的業務，包含能源方面的生意。

二〇〇六年十一月，偵訊前的三個月，檢方揭發西門子集團一起重大黑錢交易。瑞士、義大利和列支敦斯登官員協助稅務調查人員揭發的祕密帳戶，據推測是用來支付給希臘、俄羅斯、印尼和奈及利亞的賄賂款項，以換取高額商業合約。在奈及利亞政府追查到一九九八年逝世的獨裁者薩尼．阿巴查運送至國外的數十億財產時，西門子內部早就知曉部分的賄賂手法。調查人員不僅在瑞士發現數億歐元（其中還有兩億美元在瑞士信貸），還找到西門子透過奧地利帳戶匯了數百萬到阿巴查的瑞士戶頭。西門子試圖利用這種方式獲得利潤豐厚的奈及利亞政府合約。

西門子內部的保密功夫到家。當時賄賂外國政府官員還不算觸犯刑法，而且對西門子來說，這種取得合約的方式早已司空見慣。二〇〇二年以前，賄賂款項甚至可以當作「有用的開支」抵稅。根據《明鏡週刊》的報導，因為被發現賄賂高層政治人物而在各個國家惹上麻煩時（行賄者和收賄者在當地都會面臨刑責），西門子甚至還會定期支付保釋金和律師費給被逮的員工，直到九〇年代都是如此。

二〇〇七年出版的一份報告指出，某些部門的西門子員工還有祕密代碼，能透過傳真傳遞賄賂的金額。用「Make Profit」來表示數字一到十，M代表一，A代表二，K代表三，以此類推。因此，當匯款的指令出現時，根據《資本雜誌》（*Capital*）的說明，文件放在「APP」的檔案夾裡，這就表示：要支付合約總額的百分之二．五五。

不過，貪污的法律規定在一九九九年變得更嚴格，從那時起，德國人不能再賄賂國外的官員；二〇〇二年起，也不能向私人企業的員工行賄，像是分析師或評鑑師等。但是，這兩事顯然沒有使現存的「西門子制度」跟上新規矩的腳步。《德國金融時報》在二〇〇六年引述一位企業內部員工的說法：「規範寫得頭頭是道，但在我們這裡被傳閱、嘲笑，然後打洞存檔。」

慕尼黑檢察機關在調查一份二〇〇五年夏末收到的匿名舉發時，直接印證了西門子員工的說法。提供資料的人指稱，一名西門子的高階員工長年來負責分配賄賂款項，「騙取補貼金，透過一定模式轉移德國的稅金」，對外宣稱是顧問費用，事實上是「用來從事違法行為的賄賂資金或錢財」，「巨額的款項」就匯到其他地方，「這些應該都不合法」。

慕尼黑的調查人員聯繫已經偵辦此案一段時間的瑞士調查人員，很快就發現自己直搗這起貪污事件的核心；事情不止牽涉一個公司的高階員工，而是一整個集團。最終在二〇〇六年十一月，上百名警察、檢察官和稅務調查人員搜索位在慕尼黑市中心維特巴赫廣場的西門子公司總部。緊接著，調查人員每週偵訊西門子的員工，隨著每一回的偵訊，這起賄賂案的規模也越來越清晰。調查的重點就擺在像塞德這樣的跨國公司代表身上。

筆錄上記載，二〇〇七年二月的某日，塞德特別從奈及利亞飛回德國接受偵訊，結束後又回到當地生活，儘管他已經不再替西門子的奈及利亞分公司工作。直到傍晚，經過漫長的初步問訊之後，針對歷年來賄賂案的偵訊和筆錄才開始。塞德並沒有否認自己的賄賂行為，因為這麼做也沒有意義，檔案裡有太多直接的證據和前員工的證詞都指向塞德。此外，他極力否認自己曾挪用資金，「絕對沒有」把錢放進自己的口袋，「無論是用直接或間接」的方式。他把賄賂的金額記錄在所謂的專案文件裡，這些都經過公司的批准，直到後來才「暗中」做這件事。

在瀏覽了上千頁的西門子檔案之後，我們總算明白：當時海外業務這般的運作方式，讓塞德有絕佳的條件暗藏數百萬的資金。因為他長達數十年來握有權力，在奈及利亞分配林林總總加起數百萬歐元的資金，而且基本上收款人也不需要簽收。就算不是社會學教授也能理解，一大筆錢加上缺乏監控的機制一定不是絕佳的組合，反而創造出讓人可以濫用的空間。另一方面，如果發生詐欺，西門子也無法抓塞德的把柄，因為這麼一來賄賂就會被揭發，比起難以證實的塞德貪污行為（至今仍未找到證據），這件事最後引發的醜聞對西門子來說反而更加棘手。

一名前西門子員工在偵訊過程中對調查人員說明，「這一類的匯款交易是基於對塞德先生誠信的絕對信任。」起訴案經過十五年後，我們現在看到他的六個瑞士銀行帳戶在不同的時間點都擁有異常大筆的資金。（塞德之後會提到「不準確的陳述」，詳見〈尾聲〉。）

要是塞德和受偵訊的西門子員工的說法成立，二〇〇二及二〇〇四年在奈及利亞的交易模式就是：決定合約的重要人物，像是高級官員會讓所謂的牽線人去找塞德，這些人會告訴塞德他們委託人的條件。換句話說，為了能夠獲得像是電信業務等政府的合約，西門子必須付給某人多少錢。這些人包含政黨和奈及利亞電信集團尼特（Nitel）的決策者，都是西門子賄賂的對象。

到最後，塞德幾乎都是一個人決定這些錢的去向，由他自己轉交或是分配，這與他之前同事的說法一致。根據塞德在證詞中的描述，面對這些更像敲詐者的「掮客」，他的角色是必須確保不會支付過高的金額，金額視計畫合約的價值而定。

他也提到，接著他就會向慕尼黑總公司的負責人回報需要的金額。有時是直接匯款，也曾透過一家在奈及利亞有據點並參與其中的德國公司交易，這麼做就比較不會引人關注。塞德隨後就在當地領錢，而且是一個人。這也是很關鍵的一點。但他經常會向總部要求現金，這時多半由公司同仁把錢運送到奈及利亞，只有在少數情況下塞德才會親自出馬。

其中一名負責送錢的人在偵訊時向調查人員描述，某一天前往奈及利亞途中因為攜帶大量現金被海關查獲，金額大約是二十萬至五十萬歐元。然後他聲稱，這些錢是用來填補在奈及利亞當地的「建設帳戶」，因為在那裡經常需要用現金付款給替西門子工作的承包商。這個藉口一傳十十傳百，於是建設帳戶一下子就成為負責送錢的人的共同暗號。

塞德的說法是，他之前的同仁沒有參與「具體的行動」。從塞德的證詞看起來，這些現金從德國運往當地交給他之後，因為擔心節外生枝，會在最短的時間內移交給「掮客」，而且是在「中立」的地點。塞德在偵訊時表示，至於他實際上轉交了多少比例的現金，以及「掮客」最後把錢又交給誰，這就是「信任的問題」了。

檔案裡偶爾會註明賄賂金額和合約價值之間的比例，一份二〇〇一年結案的計畫上就註明，總值兩千萬元的合約，賄賂金額高達四百五十萬。這個比例也逐年變化：有時必須要繳交總金額的百分之十到十五，還曾有百分之三十的記錄，大約發生在八〇年代，當時極度貪腐的獨裁者阿巴查還在位。即便如此，西門子仍有獲利。畢竟，在德國或奈及利亞，實際服務的收費更加昂貴，從文件裡就能看出這一點。

西門子公司的記錄就只到塞德收下錢為止。公司內部的文件指出，實際上，塞德拿到錢之後如何運用早已「無法證明」。

既沒有收賄者的簽收證明，塞德自己也沒有做記錄或留存銀行收據或字條。對此，塞德給了調查人員一個看似合理的解釋：貪污在奈及利亞是「刑法重罪」，最重甚至可以被判「二十五年有期徒刑」。他不想冒這個險，尤其是「奈及利亞的監獄」依他看來「極度可怕」。連他當時的主管都曾指示他儘快銷毀一切證據。

這也讓我們發現到一個重點。二〇〇七年，慕尼黑檢察機關特別調查二〇〇二至二〇〇四年期間的賄賂行為，因為二〇〇四年秋天塞德離開西門子，而賄賂罪行的訴訟時效是五年，因此調查人員無法再回溯至更早的記錄。另外，法律上可追訴日期至二〇〇六年九月為止。然而，調查人員已經找到在二〇〇二至二〇〇四年期間數百萬元的賄賂證據。就剩下塞德二〇〇六年放在瑞士銀行帳戶裡的五千四百萬瑞郎還無法解釋。

不過，若只單看這個時間點似乎也太短。畢竟塞德自八〇年代初期就到了奈及利亞，到了中期就負責管理電信部門。當時的一位員工在偵訊時提到，塞德和另一位同事固定會躲到一間辦公室，兩人就鎖在裡面，「聽聞他們就是在裡面算帳和付錢。」

在進行西門子賄賂事件偵訊的另一處，當時的一位員工也表示：「就是在員工餐廳……吃飯時聊到塞德先生在奈及利亞做生意的方式。」另一位員工引述塞德的說法，就是透過「全方位的打理」。

塞德在奈及利亞替自己贏得，或者說是花錢買了一個地位，讓他享有了「奈及利亞國王」的綽號。但光是贈送現金和名貴的手錶仍不夠（檔案中的一份記錄顯示塞德曾買過三支高價的手錶，其中兩支至少價值六位數）。因此塞德無所不用其極地照顧一群人，討他們歡心，就能替西門子甚至有可能替他自己賺進大筆鈔票。某個決策者的家人生了重病，不管是不小心被刀劃傷、「泌尿系統出了問題」或是罹患癌症，塞德都會安排他們到一家德國醫院就診，或是替他們支付名醫的診療費。他還曾安排一位政治人物的太太到紐約接受不孕症的治療，費用當然由西門子承擔，金額約在兩萬美元左右。最後，這位女士成功生下雙胞胎。

塞德就是用這種方式證明自己的真誠。他在偵訊時解釋，他的前輩很早就教會他奈及利亞的「風俗習慣」，否則根本不可能在當地談成生意。

我們採訪了當時與塞德有關的其他內部人士，每一個人都對這位前西門子奈及利亞分公司的老闆印象深刻。他和政要成為朋友，經常邀請對方到家裡作客；他太太支持他，更讓他能十足發揮完美主人的角色。這樣的交際手腕也果真奏效。

資深的奈及利亞專業記者亞倫·烏科迪（Aaron Ukodie）也有類似的見解。在他描寫國有電信公司尼特的書中也提到了塞德，他始終把塞德（Seidel）稱做席德（Siedel），名字中間的兩個母音互換，內容還提到他的影響力。章節標題早已清楚地描述這位德國人：「尼特的地下執行長」。

尼特之於奈及利亞就像德國電信（Telekom）之於德國，都是由國家掌握的電信業。一九九二年尼特不再由國家專營，隨後試圖改為民營，但經營權仍舊操控在國家手中。根據烏科迪的說法，雖然塞德只是尼特的合作夥伴，他的影響力卻深入公司內部。

烏科迪在書中還提到，塞德曾經和六位奈及利亞的國家首長「工作、吃晚餐和達成電信合作的協議」。他列出一九八三年至二〇〇七年在位的總統，最諷刺的是，一九八三年至一九八五年執政的穆罕默杜・布哈里（Muhammadu Buhari），二〇一五年再度回任總統。

不止如此，烏科迪還寫道：塞德和十幾位國家通訊部的高級官員過從甚密。從二〇〇六年慕尼黑檢察單位在西門子公司查獲的資料就可看見幾位官員的名字。順帶一提，塞德團隊利用「黃色便利貼」來做事。意思是，他們通常不會直接開立帳單或收據，而是把金額寫在一張可黏貼的便條紙上，萬一有狀況時可以立即清除。當然再也就沒有辦法分出是誰發放了款項。不過這些文件還是落入了檢察單位的手中，而且大部分的便利貼都還留在原本的位置……

令人驚訝的是，烏科迪最後還說，不是每個奈及利亞人都認為塞德是利用賄賂的手段替自己謀利。有些人認為塞德「只是心胸寬大」，並且樂見他替自己和公司所做的付出。

在調查過程中，我們一位同事發現了讓我們感到詫異的不尋常事件：塞德在九〇年代初期曾和一位名叫易卜拉欣・阿里尤（Ibrahim Aliyu）的男子成立了一家「尼格通訊設備顧問有限公司」（Communication Equipment and Consltancy Nig Ltd）[18]。根據我們的消息指出，後來這家公司仍在營運，一位同名男子更同時擔任國家通訊部和國有電信公司尼特的管理職位。我們不禁懷疑他們共同成立公司的目的，而且註冊登記顯示公司至今仍未關閉？

但讓人更好奇的是，塞德的太太也註冊了一家公司。成立於一九九二年十二月的「資訊通用與電氣有限公司」（Informatics General & Electrics Ltd.），她是該公司的董事長。掛名第二位董事長的人正好是奧拉瓦利・伊格（Olawale Ige），他從一九九〇到該公司成立時的一九九二年擔任奈及利亞國家通訊部部長，正是決定把合約給予如西門子這種公司的人物。之後，伊格成為國有電信公司尼特的董事長，目前也繼續擔任奈及利亞網路集團的負責人。現在這個問題似乎更迫切需要解答：塞德的太太怎麼會和一位國家通訊部部長一起掌管一家公司？

在西門子的檔案裡沒有這個時期的資料。二〇〇六年時，這些資料都已經不具效力了。不過資料裡應該有記錄西門子一再把賄賂款項偽裝成付給顧問公司的費用。（塞德之後會提到「不準確的陳述」，詳見〈尾聲〉。）

針對這個問題，西門子回覆並不知道這兩家公司；此外，我們也沒有找到兼職的許可證明。

在這段期間，我們和一位消息人士碰面，小心翼翼地打聽更多塞德的消息，特別是官方的部分。據說，我們靠著瑞士信貸內部資料發現塞德在瑞士的帳戶，慕尼黑檢察單位和瑞士聯邦刑事檢察機關在二〇〇六年時都不知情。一來這代表塞德沒有把這些帳戶登記成公司帳戶，二來也說明瑞士的銀行沒有回報任何洗錢的嫌疑，雖然塞德在二〇〇六年夏天，也是西門子賄賂案被舉發之前，曾在那裡存了五千萬以上的瑞郎。銀行一定知道，塞德在一個貪污猖獗的國家工作和生活，因為他在內部資料登記的住所是奈及利亞。光是沒有回報這個可疑的資訊就讓人高度的懷疑。

《華爾街日報》（*Wall Street Journal*）在二〇〇七年十一月十六日點名塞德是涉嫌洗錢的罪犯之一，四天之後他被列入「國際身分辨識系統」的資料庫裡；所有主要金融服務機構都在上面定期或交由系統主動查驗他們的客戶。即使塞德二〇〇八年在慕尼黑因為賄賂被判一年的緩刑，西門子也因為醜聞案件必須向美國支付四億五千萬美元的罰金，銀行也沒有通報洗錢嫌疑；至少據我們所知，慕尼黑檢察單位也沒有收到這方面的消息。然而，塞德的瑞士帳戶依舊存在。

18. 採用公司原本名稱，正確拼法是Consultancy，但公司登記名稱少了字母u。

我們在這裡沒有用「瑞士信貸」而是「瑞士帳戶」，因為我們在潘朵拉文件中找到塞德最初並不是在瑞士信貸開戶。潘朵拉文件是國際調查記者聯盟收到的洩密文件，與設在眾多逃稅天堂的空殼公司有關。在第六章時，我們曾提到在潘朵拉文件發現塞德二〇〇八年時曾在英屬維京群島註冊了一家離岸公司，文件中還提及，設立這家公司的目的是為了在蘇黎世的克拉瑞登列伊銀行開戶。塞德的銀行顧問也被登錄在資料上面，他也是克拉瑞登列伊銀行的員工。克拉瑞登列伊銀行是瑞士信貸的全資子公司，二〇一二年併入瑞士信貸。或許這也是我們會在洩密資料中看見塞德擁有六個瑞士信貸帳戶的原因。

二〇〇七年，就在《華爾街日報》提到塞德，他的名字被登錄在「國際身分辨識系統」資料庫之後，這家瑞士信貸的子公司就應該通報塞德的可疑帳戶，尤其是塞德在那裡存了一大筆資金。我們從慕尼黑檢察單位那裡得知，其他銀行在當時都有通報。因此，在西門子賄賂事件後，瑞銀集團和瑞士的德勒斯登銀行搜索出相關的客戶並回報他們的帳戶，後來有數千萬元被扣押。然而，克拉瑞登列伊銀行卻沒有向調查人員通報任何這類消息。先前提過的瑞士法令遵循專家莫妮卡・羅特表示，「如果有一絲懷疑這個帳戶和賄賂醜聞沾上邊」就該通報，「為什麼銀行不這麼做，讓她感到困惑和不解」，畢竟，銀行會因此遭起訴。

不過，瑞士信貸也難辭其咎。因為，即使克拉瑞登列伊銀行疏忽向檢方通報塞德的龐大資金，瑞士信貸至少在二〇一二年之後也要通報。它本來就該在整併克拉瑞登列伊銀行之後謹慎過濾他們的新客戶，藉由外部的Google關鍵字、國際身分辨識系統、律商聯訊（LexisNexis）都能找到資料，絕對會在德國史上最大的賄賂醜聞案中發現塞德被定罪，從銀行內部也會看到他的巨額存款。

然而，根據我們的資料顯示，塞德直到二〇一六年夏天仍然是瑞士信貸的客戶，十年前存放五千四百萬元的戶頭裡還有或是又存了一千萬瑞郎。

有關帳戶的事，塞德之後會提出「不準確的陳述」和「捏造的關聯性」兩項回應，他的陳述詳見〈尾聲〉。對此，瑞士信貸則解釋他們無法針對特定的客戶關係發表看法，但銀行遵守「國際和地方現行法律和規定」。

顯然早期的西門子檔案無法說明塞德怎麼運用那些巨款，在何時何地交給了什麼人。光是二〇〇二年至二〇〇四年期間，他從慕尼黑總公司獲得用來行賄的多筆高額款項，像是二〇〇二年六月一張逾一百三十萬美元的支票，或是二〇〇〇年初，匯入日內瓦數字帳戶一筆超過一百五十萬美元的款項，塞德無法也不願意確定其用途。他大概也不記得那筆兩百五十萬歐元的轉帳用途，或者為了奈及利亞專案所匯款的一百萬瑞士法郎，細節部分他都沒有印象了。

還有更讓人匪夷所思的：多年來，有一位德國公司的經理替西門子把錢運到奈及利亞，讓這家慕尼黑集團可以掩人耳目地把賄賂贓款送往當地。這位經理表示，二〇〇四年至二〇〇七年間還有兩百一十五萬歐元被送往奈及利亞。根據他在拉哥斯（Lagos）的員工說，領走錢的人正是塞德，員工形容是「一位帶點東歐口音的紅頭髮老先生」，模樣符合六〇年代從烏克蘭來到德國的塞德。因此，塞德在二〇〇七年三月十四日領走最後一捆鈔票，正是他接受巴伐利亞邦刑事調查局偵訊後的兩個星期。

在後來的偵訊當中，塞德自己揭露在離職之後仍然接收西門子的資金，「為盡尚未完成的義務」，他不願意讓接任工作的人「背負舊時的責任」。無法查證塞德最後怎麼使用這筆錢，不過這也更加證明了一件事，即使塞德離開了西門子，他仍享有充分的決定權。

追查金融罪犯的每一位調查報導記者都知道一條基本原則：「跟著錢走」。適用於所有想得到的線索，在這起事件中則意味著：如果塞德的帳戶在二〇〇六年時還有超過五千萬的瑞郎，二〇一六年卻「只」剩下近一千萬，中間的差額去了哪裡？我們不知道答案，但我們在一份流出的杜拜公司註冊登記中發現，塞德在當地買了許多的房產，包括據說是由人工設計成棕櫚樹形狀的「朱美拉棕櫚島」（The Palm Jumeirah）。二〇〇九年時，塞德用他在英屬維京群島的空殼公司購入房地產，或者是用過戶的方式。總而言之，在潘朵拉文件裡有一份授權書，允許塞德用公司的名義在當地買進四間房子。二〇〇七年的偵訊記錄顯示，塞德在別的國家曾經或仍然擁有其他的房地產。

我們當然想和塞德聊聊所有的事情。不光是因為能夠讓筆下的人物和我們的調查對質，並且給這些人機會說明他們的看法，這些都屬於新聞職責的一環；還有另一個原因，有時在我們看來很可疑的事，解釋起來卻一點也不費力。

但是，我們必須先找到人才有機會講話。我們從法院的文件得知，塞德的兄弟曾住在或還住在巴登符騰堡邦，這或許是一個機會，而且我們也找到他女兒的地址，但是我們想直接連絡他本人。他在二〇〇七年偵訊時對調查人員坦承住在巴登符騰堡的房子裡，這一點我們半信半疑。然後，他也曾向調查人員描述有一棟位在葡萄牙阿加夫（Algrave）的度假別墅。至少幾年前他還曾在當地的高爾夫球俱樂部打球；我們在網路上找到一份俱樂部會員名單可以證明。在潘朵拉文件的資料裡，確實出現塞德和他太太在杜拜棕櫚島上別墅的地址和門牌號碼。儘管聽起來是一趟讓人期待的旅程，但我們不能冒然去這些地方，不單是因為新冠疫情的緣故。若是其他方法都行不通的話，我們才會考慮這麼做。

先嘗試其他方法吧。我們透過許多資料庫，蒐集全世界幾百萬人的電子郵件、手機號碼和社群媒體上的個人檔案。通常這些資訊會存放在錯綜複雜的路徑裡。當我們下載了一個看似免費的應用軟體，例如天氣預報的應用軟體，而後台會把電話簿傳到伺服器上。這種資訊交換說明通常都用小字體來呈現，我們自然也不會讀它，而且這種做法在世界上許多國家並不違法。一旦這個電話簿被轉傳，就會被賣給專門處理個人資訊、所謂的資料仲介，他們再販售給經營這種資料庫的公司。

這是一門不光彩的生意，但對我們而言，這類的資料卻能發揮關鍵的影響力。我們搜尋了塞德的資料，找到多筆可能與他匹配的條件。兩個電子郵件、五個奈及利亞的手機號碼，以及在泰國、阿拉伯聯合大公國的其他號碼。我們很幸運，其中一個號碼在通訊軟體WhatsApp上似乎有在使用。如果號碼正確的話，這是我們頭一回如此接近塞德。幾個星期以來，我們一次又一次打開對話視窗，發現塞德曾經上線，我們計算了他可能所在地區的時差，應該是杜拜。

不過，仍有其他絕對合法的技術可以找出一個人的下落。大家口中的公開來源情報（Open Source Intelligence, OSINT），也就是「從公開的來源蒐集情報」。聽起來像是軍事術語，但許多這類方法是由駭客開發出來的。在駭客攻擊他們的受害者之前（或從事可能的犯罪行為），他們會試著用合法的方式，從公開的資料來源中盡可能找出多一點關於他們的資料。他們編寫許多能自動搜尋的小程式，就像是一個加速的搜尋引擎。不只駭客會使用這種方式，警察或官方調查單位也這麼做，當然還包括我們。

方法是：發送一個訊號到手機裡，找出手機所在的網絡。每個手機號碼都註冊在一個「本地網絡」的資料庫裡，如此一來在撥號時才能連接到正確的號碼並且找到想找的人。因此我們隨時都可以確認想找的號碼是否出現在當地的網絡裡，以及能否接通。擁有手機的人不會發現到這一點。許多網站都有提供這類的查詢服務，花點小錢就能查詢每個號碼。

所以我們輸入塞德的手機號碼，幾秒鐘之後我們得知：能夠在他所處的網絡裡找到他，就在阿拉伯聯合大公國。

我們會打電話聯絡他，不過會是在出版的前夕。

第13章　尋金獵人

某個溫暖怡人的秋天傍晚，我們心滿意足地漫步停放船艇的巴塞隆納瑪利娜港，太陽已經消失在地平線的另一端。我們不久前才享用完分量十足的海鮮燉飯，喝完西班牙紅酒，但重點是我們和一群人一起共度晚餐。新冠疫情還不見盡頭，我們仍舊籌畫了這次調查計畫的聚會；按照往例，這是每回遇上大型跨國合作案件一定會做的事，從巴拿馬文件（一共舉辦了兩場聚會，一場在華盛頓的國家媒體大樓，另一場在慕尼黑南德日報的編輯部大樓），到金融犯罪執法局文件（配合全球調查新聞記者會議在漢堡舉行）。

我們和組織犯罪與貪腐舉報計畫的羅馬尼亞籍創辦人保羅．拉杜一起散步回下榻的飯店。突然間我們站在俄羅斯寡頭羅曼．阿布拉莫維奇（Roman Abramovich）停泊在碼頭岸邊的遊艇旁，船身大到足以占據一個街區。一瞬間，我們奇妙地來到自己整日埋首鑽研的世界：富豪的天地。這群有錢人利用空殼公司、信託公司和基金會藏匿資金，這些錢一路經由倫敦的帳戶轉到香港戶頭，再到蘇黎世的銀行，不斷發掘獲利以及藏身之處。這些人就在一個存在多時的平行宇宙裡面操弄法律規定。

保羅有著寬大的肩膀、灰金色的短髮和有稜有角的下巴。我們一邊和他散步，他一邊跟我們描述自己曾經和羅馬尼亞的犯罪組織老大交談的經過。雖然他年僅四十六歲，卻已經是調查報導界的傳奇人物。他的故事太過有趣又精彩，以致於沒有人留意眼前的方向，不知不覺中我們就迷路了。

二〇〇六年保羅和美國記者德魯・蘇利文一起創立了組織犯罪與貪腐舉報計畫。出發點很單純，在當時的新聞界卻是一項革命：如果罪犯能跨國合作，記者也應該採用相同模式才能揭發他們的罪行。保羅說：「我們發現，嘗試新方法把調查報導提升至跨國層級的時機到了。新的合作模式能幫助記者們追上組織犯罪集團和貪腐領導人不斷創新的手法和幾近無限的資源。調查報導編輯部在塞拉耶佛（Sarajevo）成立時規模不大卻很完備，由來自世界各地超過兩百名以上的記者組成一個合作團隊。組織犯罪與貪腐舉報計畫受到多方資助，包含史科爾基金會（Skoll Foundation）、洛克斐勒兄弟基金會（Rockefeller Brothers Fund）、美國和丹麥外交部、開放社會基金會（Open Society Foundations）以及eBay創辦人皮埃爾・奧米迪亞

（Pierre Omidyar）的發光基金會（Luminate Group），支薪給記者，讓他們可以從事向來只有少數媒體能做到的研究、調查並揭發不法事件，特別是在巴爾幹半島、俄羅斯、拉丁美洲、中東和非洲等地區。生活在慕尼黑、在知名德國報社有一份穩定工作的我們十份敬佩這群組織犯罪與貪腐舉報計畫的夥伴們。

定期和對同一件事充滿熱情的人聚在一起，這是國際合作調查報導中最美好的事。這回是組織犯罪與貪腐舉報計畫的專案召集人安東尼奧．巴克羅邀集我們到他的家鄉巴塞隆納，他張羅所有細節，讓我們在當地享用到美味至極的加泰隆尼亞餐點。因此，就在二〇二一年十月，我們連著兩個晚上和一群舊夥伴和新朋友愜意地度過幾個小時。在經歷了幾個月的新冠疫情封城和在家辦公之後，終於盼來這個共聚的時光。

距離大家共同發表的重大調查計畫潘朵拉文件，已經過了兩個半星期，多數參與該計畫的人也有到場。這項全球的調查工作揭發了數百名政治人物如何利用避稅天堂獲利，瑞士銀行當然也無可避免地在其中扮演重要角色。自從巴拿馬文件以來，國際合作已經變成新聞業的標準模式，隨著這種大型新聞研究的頻率增加，團體中的某些夥伴也有些不堪負荷。但大家都很高興能夠現場面對面，不必透過視訊就能把酒言歡交換經驗。

三十位以上的夥伴為了討論這個新的計畫齊聚在巴塞隆納。其中組織犯罪與貪腐舉報計畫的成員占多數，還有來自《衛報》、《南德日報》、北德廣播公司及西德廣播公司的夥伴們。

我們的記者夥伴沙拉德・維亞斯（Sharad Vyas）更是創下紀錄，他從印度首都新德里花了二十五個小時才抵達這裡。能夠在巴塞隆納和大家碰面，我們既感激也有些許的自豪。

在三天之中，我們花了數個小時齊聚在擴展區（Eixample）一家飯店內的開放會議室裡。我們三人輪流做了簡短的報告：身為南德日報的代表，我們概略地講解了這次收到的洩密文件，包含我們認為能查證的資料和想要進行調查的方向。其他人已經對某幾件貪污案有深入的研究或是計算出關鍵的數字。揚・斯特羅茲克（Jan Strozyk），我們的老朋友，曾任職於北德廣播公司，如今是組織犯罪與貪腐舉報計畫的數據專家。為了確認我們收到資料的真偽，他已經從統計上做檢驗。假使我們資料裡的帳戶餘額是由亂數組成，透過演算法就能辨識出來。然而，揚也跟我們解釋，班佛定律（Benford's Law）不適用於此，班佛定律簡單來說，在隨機產生的一串數字的首位會依循特定方式分布。揚的結論很清楚：一般人無法偽造這種資料，他也算出，我們看到的金額超過一千億瑞郎，這些錢分別來自一百六十個以上國家的銀行客戶。

所有簡報結束之後會有提問與評論的時間。每個報告的人都會被問題糾纏，所有不足的假設或方法都毫不保留地被揭開。要回應滿堂調查記者的發言和問題是一種挑戰，但也有無窮的樂趣。

此外，我們必須回答一些基本問題。首先，違反瑞士銀行法會對我們的調查造成什麼影響？官方單位會如何處理這件事？會對我們展開調查嗎，即使我們的調查揭發且查證了客戶和銀行違法的弊案？幾位夥伴在瑞士還有親朋好友，他們還能前往當地拜訪他們的家人嗎？我們都認同調查報導很重要，卻也隱約感到不安。

後續的討論轉向了計畫的命名。哪種標題最有力、什麼樣的主題標籤能獲得最多人對我們主題的青睞？每個人都有各自的想法，每一種語言都有些美中不足之處。有些人單純不想再聽到「文件」或「洩密」，像是巴拿馬文件、天堂文件、潘朵拉文件，還有離岸解密調查、盧森堡洩密、巴哈馬洩密。真的夠了。為了篩選出喜歡的名稱，我們在巴塞隆納的三天裡討論了無數回合。最後由「瑞士祕辛」（Suisse Secrets）獲得最高票，瑞士的祕密，恰如其名。

還有最麻煩的一點：每個人都盡可能想了解我們手上的資料。經過會議上眾多共同討論時間，加上第一個相談甚歡的晚上，一個接著一個夥伴想從我們三個人身上打聽進一步的訊息。這就是調查報導記者，仔細分析我們的陳述來尋找線索。當然，我們自己也會這麼做。

畢竟這攸關降低自家媒體所面對的潛在風險，像是被試圖欺騙我們的人給騙了，或是我們自己忽略了一些東西，幾個月下來一直朝錯誤的方向調查，必須一一排除這些可能性。但透過每一次簡報、每一回針對特定案件的討論，團隊裡的所有人都更加確定情況並非如此，而且這些故事意義重大。

除了在巴塞隆納現身的三十名記者，在這段期間還有其他七十名記者也加入這個計畫，再一次展現出合作的力量。我們傾向擱置不容易在德國引起關注的案件。對於來自某些國家或在當地工作的夥伴而言，這些案件有著驚人的效應並讓政治醜聞浮上檯面。此外這些案件也凸顯出一個全球性的問題：政治人物財產的不透明化，這種情況招致濫用權力並掩蓋了可能的利益衝突。

就像一再被我們提及的自二〇一八年起擔任亞美尼亞總統的阿曼．薩奇席恩。在他被選為國家元首之前，曾在九〇年代末期短暫擔任過總理和大使。之後他長年為大型國際公司提供諮詢，自己也掌管企業，因此他變得很有錢也就不足為奇了。他在瑞士信貸裡的四個戶頭，他和姊姊及母親共同持有；在二〇一三年第二度出任駐英國大使之後，顯然隱瞞了其中一個帳戶長達許多年。他以往擔任亞美尼亞大使，現在成為國家元首，依法都必須申報財產，事實上他只有申報了部分而已。根據組織犯罪與貪腐舉報計畫的夥伴們表示，他對亞美尼亞的社會大眾隱瞞了超過一千萬瑞郎的財產。（薩奇席恩駁回所有的指控，詳情見後記。）

參與計畫的亞美尼亞夥伴們是位在首都葉里溫（Yerevan）的調查報導媒體《海特克》（Hetq）的記者。組織犯罪與貪腐舉報計畫裡除了記者、工程師和專案管理人員是主要團隊成員之外，還擁有一個與在地媒體夥伴組成的全球團隊。《海特克》正是位在亞美尼亞的合作夥伴。公司的老闆埃迪克．巴格達薩良（Edik Baghdasaryan）是經驗豐富的記者，多年來撰寫反貪污和裙帶關係的主題。他曾揭發亞美尼亞環境部長把開採礦產的權利直接交給家族成員和員工，而受到國際獎項的表揚。但幾週之後，埃迪克遭不明人士襲擊並毆打至昏迷。他沒有出席巴塞隆納的聚會，但他寫信告訴我們，一旦我們公開調查的結果，就有可能對總統提起刑事訴訟程序。

組織犯罪與貪腐舉報計畫的團隊裡有許多像埃迪克這樣的記者。他們在家鄉最艱困的環境下工作，受到打壓、脅迫甚至攻擊。來自鄰國亞塞拜然的哈迪亞．伊斯梅伊洛娃（Khadija Ismayilova）也有相同的遭遇，她的工作讓她獲頒另類諾貝爾獎，自己卻在家鄉遭判入監服刑且長期限制出境。同時也有兩位夥伴在多哥（Togo）被逮捕，其中一位是來自法國《另類報》（*L'Alternative*）的費迪南德．艾特（Ferdinand Ayité），他在一個youtube節目中指控兩位部長貪污，在他們的操控之下遭傳喚；然後在警局就直接被逮捕。費迪南德曾是我們交換調查資料的聊天群組裡的一分子，我們因此不得不急忙將他移出群組，因為我們擔憂警察或情治人員會讀取他手機內的訊息。

很快地，組織犯罪與貪腐舉報計畫的地區負責人就開始聲援這些夥伴：在推特上推文，連絡人權團體和政治人物，發出警訊，這個組織就像防護盾牌一樣。一方面是因為他們握有資源，能聘請優秀的律師替記者做法律辯護；另一方面，他們會喚起外界的關注，就像對伊斯梅伊洛娃的事件一樣。而且幾年來我們學到了一件事：越多人注意記者被逮捕、脅迫和攻擊的事件，在推特、臉書或ＩＧ上出現相關的貼文越多，最後安全獲釋的機會就越大。

對許多我們的夥伴來說，跨國合作是能獨立處理弊案和與當權者抗衡的唯一管道。來自失序國家的夥伴們在這個案子裡有個特別的動機，因為瑞士銀行無論在過去或現在，在許多事件中都和這些當權者為伍，他們幾乎捲入了我們近年來調查的每個大型洗錢或貪污案件中。「在國際洗錢和逃稅案件裡，瑞士銀行早就是身經百戰的箇中老手，」國際透明組織（Transparency International）共同創辦人法蘭克・佛格（Frank Vogl）向我們解釋：「銀行客戶保密條款就是他們的招牌，他們的不透明做法是金融犯罪的主要推手。」佛格才剛完成他的新書《推動者》（*The Enablers*，暫譯），內容描述西方國家的政治人物、政府和金融服務機構眼睜睜地看著（通常也少不了從旁協助）貪腐的權貴如何掠奪整個國家的財產。其中一個章節寫到銀行及銀行家：「盜賊統治者需要這些銀行家替他們安全和隱密地存放偷來的戰利品。」他也指出瑞士的銀行運作機制特別受歡迎：「許多盜賊統治者和銀行之間的祕密交易都在瑞士，那裡是財務經紀人的天堂。」

幾年前，記者奧利弗・博洛（Oliver Bollough）曾提出相同的論點：一個外國的盜賊統治者「只需靠著西方世界的支持，就能把在動盪國家中獲取的不法資產占為己有，在那裡，入監往往只是一紙法院的判決」，用某種方式，他也可以搖身一變，「成為受人景仰的慈善家」。

根據聯合國大會的常設機構聯合國貿易和發展會議（United Nations Conference on Trade and Development, UNCTAD）的說明，每年約有八百八十六億美元經由可疑的管道流出非洲。這筆錢能讓許多國家用在國民的糧食供給、公衛系統和其他的基礎建設上。相比之下，援助非洲發展的總金額加起來大約只有五百億美元。

英國作家兼《金融時報》記者湯姆・伯吉斯（Tom Burgis）在二〇一五年出版的《掠奪機器》（*The Looting Machine*，暫譯）一書讓人印象深刻。內容描述貪腐的獨裁者、無法無天的權貴和泯滅良知的銀行家組成的集團，聯手合作貪婪地掠奪非洲大陸的資產。二〇二一年，伯吉斯出了另一本書，書中刻畫出更多黑暗面。他認為，貪污的錢即將吞噬這個世界，如同他的書名，生活在《盜賊統治的國度》（*Kleptopia*，暫譯）。「放眼望去，我們愛惜和視如珍寶的一切都被偷盜殆盡。」

現任世界貿易組織（World Trade Organization, WTO）祕書長恩戈齊・奧孔約－伊衛拉（Ngozi Okonjo-Iweala）過去曾在高層協助決定世界銀行的命運，特別指出問題的癥結點：「在世界上最弱勢經濟體裡，每日用於學校、醫療保健和基礎建設的資金被挪用，這些錢被藏在全球的金融中心和避稅天堂。」貪污就像是一種疾病，「它破壞人們對政府的信任，削弱國家的穩定和安全。」

在過去的五十年裡，組織犯罪變得更猖獗，全球腐敗的情況也是有增無減。這些不法獲得的收入，專家預估有數兆美元，在西方銀行家的協助下被藏匿、增值然後轉手。當一個獨裁統治者把幾千萬瑞郎存在瑞士的銀行戶頭時，對銀行來說或許是家常便飯；在世界上最貧窮國家的眾多人民的眼中，這筆錢卻攸關他們的生死存亡。一個英國的研究團隊在去年發表了一個統計的模式，能具體算出被虧空的國庫資金和死亡率之間的關聯性。從非官方組織租稅正義聯盟的基本數據來看，光是每年因逃稅而造成國家收入短缺的累積總額達四千兩百七十億，研究人員預估，相同的金額可以使全球六十萬個孩童及超過八萬名的母親免於死亡的命運；因為其他原因而消失的國庫收入，像是被貪污的領導人挪用也算在內。研究報告的其中一名作者在接受《南德日報》的採訪時表示：「國內生產毛額和國庫的收入必須明顯增加，落後國家才能投資醫療保健系統以降低死亡機率，一旦有機會這麼做，情況就會立即好轉，就算是小錢也能發揮許多作用。」所謂的小錢就是我們在政治人物帳戶裡看到的幾百萬元。這些事件赤裸裸地顯現出，在瑞士這種金融中心裡的銀行家有多麼的無知。

於是，組織犯罪與貪腐舉報計畫著手調查被隱匿的資金。這個非盈利組織不僅把揭發貪污和其他犯罪行為當成自己的任務，他們想盡辦法公開更多的事實和證據，官方調查單位才能跟著行動。直到目前為止的調查行動，如同組織的網站所示，他們一共追繳了近八十億的補稅和罰款，約一百三十名政治人物、官員或是企業必須辭職或下台，還有超過五百人被逮捕和定罪。

在這些調查之中，組織犯罪與貪腐舉報計畫的既定目標是終結這些罪犯的幫凶，無論他們是自願或非自願協助。我們《南德日報》的記者和其他夥伴不一樣，我們只是為了公開弊案而進行調查。一旦目標達成，警方和司法部門就能執行工作，這部分就不再是我們的職責了。

我們當然樂見自己的努力能發揮效用，但並不打算推翻政治人物或把生意人送上法庭，我們深知這並非職責所在。不可否認，我們處在一個相當安穩的位置。因為我們在德國工作，能信任這個正常運作的法治國家，所以可以不必如此拚搏。在組織犯罪與貪腐舉報計畫調查的許多國家裡，這些根本是遙不可及的事。記者在當地接手了官方調查單位、司法和立法部門做不到的事。如果這些做為能引起後續的效應，情勢就有轉好的機會。這也是為什麼所有夥伴都想積極阻擋政府濫用職權，並追究每一個參與者的責任。

以先前經營藥廠的一位亞塞拜然的議員為例，組織犯罪與貪腐舉報計畫的夥伴在洩密文件中找到他的資料。我們長期關注亞塞拜然的政治人物和寡頭，在所有大型的洩密資料裡，都能發現這群靠著石油致富的高加索地區統治高層的蹤跡。在某些案件中，我們和獲頒另類諾貝爾獎的伊斯梅伊洛娃及組織犯罪與貪腐舉報計畫創辦人之一的保羅，已經可以揭發獨裁統治家族阿利耶夫（Alijew）的祕密公司。無人不知亞塞拜然的貪腐問題，統治者把國家當成自助商店，既得利益者就必須支持政府來做為回報。

直到最近，亞塞拜然的賄賂之手伸向了德國，甚至深入了基民盟和基社盟兩黨。我們和組織犯罪與貪腐舉報計畫也在二〇一七年夏天共同查證了這件事。當時，由組織犯罪與貪腐舉報計畫提供丹麥丹斯克銀行（Danske Bank）的內部資料，我們發現有高達六位數的金額匯給了基社盟的議員愛德華・林特納（Eduard Lintner）；時任國務祕書，之後成為亞塞拜然的說客。林特納將部分資金轉給基民盟的議員卡琳・斯特倫茨（Karin Strenz）。她同樣也被我們揭發了。斯特倫茨早就被發現與亞塞拜然高層有密切往來。二〇二一年一月，林特納和斯特倫茨的辦公室和私人寓所遭到搜索，因為他們涉嫌貪污。對六十三歲的斯特倫茨的調查還在進行時，二〇二一年三月，她在一趟私人旅行途中，由古巴回程時失去意識，在愛爾蘭緊急降落後身亡。死因調查結果出爐，斯特倫茨是自然死亡，與人為因素無關。

直到本書出版之前，針對一名隸屬基民盟、甫卸任不久的聯邦議會議員的訴訟仍在進行中，因為他也收到林特納的匯款。

亞塞拜然和貪腐這兩個詞在我們的文章中幾乎是形影不離，會在瑞士信貸的文件裡發現來自這個國家其他政治人物的帳戶，我們一點也不訝異。

然而，特別值得關注的還是前面提到的新亞塞拜然黨議員。他用激進的手段向英國法院控告我們的夥伴保羅，起因是兩篇關於亞塞拜然的不法金流報導。雖然他和保羅都不在當地工作和生活，那兩篇報導本來也沒有在當地曝光，但是文章是以英文撰寫，而且在英國找得到資源，足以構成起訴的條件。從幾年前開始，我們就注意到這個趨勢，也開始感到憂心：富豪利用英國的司法體系提起繁瑣且收費高昂的誹謗訴訟；評論家稱之為「誹謗官司旅行團」[19]。幾個月前，保羅的律師們談妥了和解條件之後，他寫下這段話：「真的比我想像的還要難受。這個案子花了我許多的時間、精力和金錢，而且讓我有好一段時間無法工作。」

19. 許多有錢人利用非案件發生國家，如英國，對媒體提起訴訟，以提高訴訟成功機率。

阻擾記者的工作正是這種官司的目的。

不過這位亞塞拜然的議員並沒有因此逃過一劫。我們在巴塞隆納港口散步後的幾天，英國國家打擊犯罪調查局（National Crime Agency, NCA）申請凍結包括議員太太、侄子們和他在內的帳戶，裡面的錢加起來超過兩千萬美元。這些都是非法所得的錢，而且用偽造的文件偷偷運出亞塞拜然，與保羅和他的夥伴們所報導的內容吻合。英國當局表示：「這起案件可能涉及貪污、竊盜、詐欺及洗錢。」另外也有提到議員用來把錢匯往英國的一個瑞士信貸帳戶，但官方沒有掌握到帳戶以及資金來源等更細節的資訊。因此，也無法確定這筆錢是否也是以不正當的方式取得。被問及此事時，議員的律師表示，議員在瑞士信貸只有這一個帳戶，他的財力雄厚是來自「個人商業行為的正當獲利」。

我們在巴塞隆納和所有夥伴道別時，清楚地知道自己又跨出了重要的一步。接下來的幾個月裡，我們已經有一個明確的計畫，包括安排出版的時程。時間不等人。

壓力也跟著上來了。

第14章　人口販子和私刑將軍

阿爾及利亞爆發內戰的那段時間被當地人稱作「黑暗十年」。一九九一年至二〇〇二年期間，超過十五萬名男女喪生，某些消息甚至指出死亡人數高達二十萬人。這場戰爭以無情和極度殘暴的手段對付平民百姓，看到這段歷史時不得不倒抽一口氣。

挑起這場流血事件的主要人物是哈立德．納扎爾（Khaled Nezzar）。這名生於一九三七年的將軍在一九九〇年擔任國防部長。伊斯蘭拯救陣線（Islamic Salvation Front, FIS）贏得議會大選的那一年，納扎爾和他的士兵發起政變並擁護穆罕默德．布迪亞夫（Mohamed Boudiaf）為總統。如同《南德日報》在一九九二年曾報導過，納扎爾是「幕後的強人」，他的手下以難以想像的暴力對待反對軍政府的抗議者。

納扎爾部隊裡的一名男子，哈比卜・蘇瓦伊迪亞（Habib Souaïdia）中尉背叛納扎爾並逃往法國。二〇〇一年出版了一本書，內容是關於他在家鄉所經歷的一切。這本《骯髒的阿爾及利亞戰爭》（*La Sale Guerre*，暫譯）記錄了阿爾及利亞灰暗的歷史。蘇瓦伊迪亞描述他的同袍把汽油潑灑在一名十五歲的少年身上，並且把他活活燒死；還有他們如何砍下一名伊斯蘭教領導的人頭，裝入袋子裡，然後交到一名指揮官的桌上。

全世界媒體都報導過這本書，蘇瓦伊迪亞也接受了無數的採訪。其中他特別指控一名男子要對遭受嚴刑和被殺害的數千名群眾負責，他就是哈立德・納扎爾。

但是納扎爾始終都不承認這些指控。蘇瓦伊迪亞的書出版後的第三年，二〇〇四年二月，納扎爾在瑞士信貸，或者說是之後被瑞士信貸接管的一家銀行開了第一個帳戶，二〇〇五年十二月又開了第二個。但兩個帳戶都在二〇一三年就關閉了。

這時早就能利用Google查驗具潛在風險的客戶，在金融界也或多或少都以此為作業的標準。現在只要用滑鼠點擊幾下，搜尋結果就能重現二〇〇四年的資料。這就表示，當時只要在Google輸入納扎爾的名字，就能發現許多有關他的文章。緊接著蘇瓦伊迪亞的書，隔年還有其他相關的出版品，像是《在納扎爾的地牢》（*Dans les geôles de Nezza*，暫譯）；還有國際特赦組織（Amnesty International）及人權觀察（Amnesty Human Rights Watch）對於這位私刑將軍的報導。代表阿爾及利亞內戰犧牲者出庭的律師菲利普・格蘭特（Philip Grant）說：

「大家都知道阿爾及利亞爆發流血衝突，納扎爾是軍政府裡的頭號人物。」他也表示：「一間瑞士的銀行不可能沒有聽說過納扎爾在阿爾及利亞內戰中的地位。」

瑞士信貸沒有回應他們如何處理納扎爾的問題。

但這個事件中的問題是：銀行真的不清楚他們受理的開戶人身分嗎？

對此，有必要更仔細釐清銀行如何看待這個問題，起碼要了解他們現在的態度。瀏覽銀行的網站或許會有所幫助。瑞士信貸在其行為守則中提到他們的處理方式，這一篇在二〇二二年一月中旬發布的文章總共有三千九百四十三字，或者更準確地說有兩萬五千七百六十二個字母。

這就像是給瑞士信貸所有員工的一本聖經，「在不斷變化、快速發展且複雜環境中，教導員工如何應用銀行價值和原則的指南」，當時瑞士信貸董事長烏爾斯・羅納（Urs Rohner）和執行長托馬斯・戈特斯坦（Thomas Gottstein）如此說道，並且以自己的名譽來擔保，「這個歷久彌堅的價值觀引領我們隨時做出正確的決定。」

這類行為守則能衡量出銀行想要如何形塑自己，以及他們如何向大眾展現自己的形象。

更重要的是，它能用來驗證我們過去幾個月在資料中的發現。

瑞士信貸的行為守則裡寫道：它們的使命是「替我們的客戶和社會創造更多的價值」。銀行和銀行的員工有責任「遵守最高的法令標準」。瑞士信貸設下這麼高的標準，它就必須禁得起檢驗。

法令遵循（compliance）的白話意思是「符合要求」。醫生喜歡用這個字，特別是當病人聽從他們的建議，例如，他們不抗拒服用某些藥物或改變他們的做法；在銀行或金融服務機構裡，這個字主要與是否遵守法規相關。法令遵循標準作業《瑞士私人銀行營運守則》（*Die Spielregeln des Private Banking in der Schweiz*，暫譯）書中提到，法令遵循「不僅限於遵守現行的規定，在廣義上還必須有意識、有意願地遵守法規」，也包括避免道德錯誤的行為並可能損傷銀行的聲譽的事情。

也就是說，理論上，銀行必須剔除客戶中的害群之馬，最好不要受理他們的開戶。但在實務上其實很難做到，因為幾千萬的瑞郎向銀行招手時，害群之馬在他們眼裡只不過有些許瑕疵而已。而且問題來了：銀行能接受什麼程度的瑕疵呢？

我們必須從遠一點的地方講起：如今每家重視形象的公司都有一個法令遵循部門。在瑞士信貸裡則稱做「風險、合法暨法令遵循部」，我們聽說部門裡有超過一千名的員工；銀行並沒有透露實際的人數。

反倒是銀行必須遵守的規則都能公開詳閱，在瑞士的刑法法典、金融市場監管機構的洗錢條例、銀行法，以及所謂的沃爾夫斯堡集團的基本守則（一九九九年由十三個國際大型銀行組成的聯合組織）、瑞士銀行公會的成立規則，還有銀行本身的行為守則。

在行為守則裡提到「當責」（Accountability），所謂的承擔責任，指的是瑞士信貸把「促進人權」當成自己的責任；此外，也提到生態考量是「我們做為銀行的行動核心」。聽起來頭頭是道。但是根據我們在過去幾個月的發現，這一切根本荒腔走板。因為我們早就在資料裡發現一些客戶，他們在很多方面都很出名，但不是因為保護生態、尊重或提倡人權等事蹟。重點是，他們許多人在成為銀行客戶之前名聲就已十分響亮，阿爾及利亞的私刑將軍納扎爾就是一個例子。

不過，我們不必講到遙遠的過去。我們的資料顯示，二〇一五年八月達爾納夫導航公司（Dalnave Navigation Inc.）在瑞士信貸開了一個帳戶。這家公司註冊在位於西非沿海的賴比瑞亞，全球數千艘油輪和近百分之二十的貨櫃船都懸掛賴比瑞亞國旗，也被評論家稱為「廉價的國旗」。尤其是無良的船東看上在賴比瑞亞完全不存在的勞工權益和缺乏保障最低薪資的規定。這個國家被內戰、大規模貧困、失業和貪污給拖累，船舶註冊費用就成了可靠的收入來源。對於聲稱致力「改善弱勢群體生活條件」的每一個企業，如瑞士信貸在《二〇一三年企業責任報告》（*Unternehmerische Verantwortung Bericht 2013*）所言（光是內部行為守則就被引用了二十四次），那麼賴比瑞亞國旗應該是第一個警示訊號。二〇〇九年，達爾納夫導航公司在美國承認非法將船上的油水排入海裡，船員們也坦承安裝額外管線繞過污水控制系統，將污染的廢水直接排入大海。為此，達爾納夫導航公司必須支付一百萬美元的罰金，以及另外匯款三十五萬美元給國家單位做為保護海洋的經費。兩年前，就已經有一艘達爾納夫導航公司營運的船隻在一座挪威的島嶼擱淺並解體。石油和柴油全數外洩，船的殘骸在島上擱置多年，直到拆除船隻的法律糾紛解決為止。儘管如此，達爾納夫導航公司在二〇一五年仍是瑞士信貸的合法客戶。

順道一提，「環境」一詞在瑞士信貸關於企業責任的報告中，被用在六十六個地方，共計一百一十一次。

二〇〇三年時，瑞士信貸應該尚未公布行為守則。當時，銀行受理惡名昭彰的埃及情報頭子奧瑪．蘇萊曼的女兒開戶，多年來也接收她們的存款，儘管人權鬥士長期以來一直把蘇萊曼和殘忍的凌虐手段和綁架畫上等號。但是，行為守則在蘇萊曼一家開戶時就生效了，因此應該適用於既有的客戶身上。而且，二〇〇三年以前早就有行為守則，雖然瑞士信貸沒有特別研擬內容卻也表示支持。我們後續會再提到這個議題。總之還是要問：真的要靠行為守則才能拒絕一個私刑情報局長的家人開戶嗎？

當然，瑞士金融中心還有經歷過其他的時期，但也是二〇〇三年以前的事了。當時「百無禁忌」，什麼事都行得通，法令遵循專家羅特因此在《瑞士私人銀行營運守則》裡提到，在五〇、六〇到七〇年代時期，銀行接受任何人的開戶，只要你有錢。

然後，一九七七年發生的基亞索事件震撼了瑞士的銀行界，這件事正好就發生在瑞士信貸前身的瑞士信用機構裡。鄰近義大利邊界提契諾州的瑞士信用機構基亞索分行，長年以來暗中替逃稅的義大利人把錢轉往設在列支敦斯登的空殼公司並進行可疑的投資，據說金額超過數十億瑞郎。銀行最後慘賠高達十億兩千萬瑞郎，從來沒有一家瑞士銀行的損失如此慘重。《琉森報》報導：「這是瑞士金融界永遠都忘不了的重大事件。」《每日廣訊報》（*Tages-Anzeiger*）則問：「如果連一家地區銀行都無法管控營運，避免基亞索的事件發生，瑞士其他五百六十家銀行和金融公司的狀況又會是如何？」

同年，為了因應瑞士信貸在基亞索的重大損失，瑞士國家銀行和銀行公會研擬了一份「接收資金與善盡銀行保密義務協議」（Vereinbarung über die Sorgfaltspflicht bei der Entgegennahme von Geldern und die Handhabung des Bankgeheimnisses, VSB），這就是先前所提到瑞士銀行界的「行為守則」，瑞士信貸也參與其中。當時，銀行紛紛制定規定來處理可疑的客戶，就是為了防止基亞索事件重演。進一步的篩選客戶才能防制洗錢和遏止對恐怖組織的資助。從那時起，這項協議每五年修訂一次，直到二〇二二年一月中旬，第二十次的修訂版本已問世。

目前生效協議中的第四條規定：「在建立業務關係時，銀行有義務確認簽約者的身分。」銀行必須了解他們的客戶規定，也就是今日的「客戶身分盡職調查」（know your customer, KYC）是國際銀行業奉行的最高原則之一。自一九九八年起也成為瑞士的法令。

銀行要「了解客戶」不能只是把帳戶持有人的姓名填入表格裡，而是要知道他真實的身分；所謂真實身分，用這個章節裡提到的事件來說：一名阿爾及利亞的戰爭發起者、一個埃及私刑將軍的家族、一家引發兩起環境污染醜聞的可疑賴比瑞亞公司。

因此，如果銀行明知道開戶人是誰的話（我們的資料裡還有更多類似的案例），他們採取道德行動方面的決心顯然不足；假使銀行不知情，他們也沒善盡應做的義務。無論是什麼原因都讓銀行掛不住面子。尤其是「未妥善把關金融交易」自一九九〇年起在瑞士等同違法，最高可處一年的有期徒刑。

當我們鑽研著瑞士銀行規則的微妙之處時，《喀拉蚩新聞報》（*The News*）的巴基斯坦夥伴偶然發現了另一個案例，足以證明瑞士信貸並沒有落實「了解客戶」的規定。一名叫做穆罕默德．賈維德（Muhammad Javed）的巴基斯坦人，根據瑞士信貸內部的記錄，他出生於一九七七年十一月，分別在二〇〇三年與二〇〇五年各開了一個帳戶，裡面的總金額高達八千萬瑞郎。

在登記國民身分資料的巴基斯坦國家資料庫裡，我們的夥伴發現只有一個名叫穆罕默德．賈維德的人，他出生於一九七七年十一月，目前居住在拉合爾（Lahore）。

但是，根據巴基斯坦所有的官方出境資料，賈維德從來沒有離開過國境。理論上來說，他可能從巴基斯坦開了瑞士的帳戶。然而我們的夥伴調查後發現賈維德是個窮人，他們在拉合爾找到他，看到他在街頭販賣便宜的T恤，而且對瑞士帳戶的事一無所知，也從來沒有離開過巴基斯坦，更別說有能力存錢。他對自己能維持生計感到知足。

一直以來，瑞士信貸認定的可能不是住在拉合爾的賈維德。被問及此事時，銀行沒有發表任何評論。

像這樣的客戶越來越多，讓我們質疑瑞士信貸是否真的遵循「最高標準的法令原則」。和組織犯罪與貪腐舉報計畫及其他合作媒體的夥伴共享調查資源的論壇中又多添了一個「問題客戶」的單獨項目，裡面已經有超過一百個名字。

安東尼歐．V（Antonio V.）就是其中一人

二〇一三年三月，這名義大利人和二十四名疑似卡拉布里亞黑手黨「光榮會」（Ndrangheta）的成員被逮捕。調查人員把這起任務命名為「大都會行動」（Operation Metropolis），檢察官表示「這是義大利過去十年來最大宗的洗錢調查案件」。調查人員耗費五年的時間追蹤黑手黨和協助恐怖分子人士的金流，現在他們扣押總價值四億五千萬歐元的資產。檢調的說明指出，黑手黨利用毒品和武器交易獲利並投資房地產，尤其是度假別墅。他們特別盯上兩名男子：方才提到的安東尼歐以及一名愛爾蘭籍的恐怖組織嫌犯。七〇年代時，該名嫌犯在貝爾法斯特（Belfast）一家飯店設置炸彈攻擊，之後坐了十五年的牢，目前則在逃亡中。帶頭的調查人員表示，這名嫌犯曾是愛爾蘭共和軍（Irish Republican Army, IRA）的成員，「靠著恐怖行動重複謀利，然後再將獲得的資金重新投資。」他和黑手黨成員安東尼歐共同經營一家公司。於是，我們又回到瑞士信貸的資料裡。

因為瑞士信貸的資料顯示，安東尼歐在落網之前同時在瑞士開了三個帳戶。他在大都會行動被逮捕後的數年，其中兩個帳戶都還存在。根據我們的了解，調查人員確實不知道這些帳戶。參與行動的其中一名調查人員說，他們掌握到瑞士信貸的「線索」，但「因為缺乏與瑞士官方的共同合作」一直無法查證事實。二〇一六年，安東尼歐被指控的所有罪名都獲判無罪，因違反稅收法被判處的四年有期徒刑在二審時被撤銷，因為已經超過追訴期。

對於負責偵辦金融犯罪案件的警方而言，此案展現出黑手黨創業手法和「『新型態黑手黨』的模式，沒有槍殺或殺戮，反而從一種犯罪溫床中衍生出歸屬感：錢。」以及瑞士信貸等銀行的大力支持。

引起我們關注的另一名銀行客戶是瑞典籍的博．斯特凡．S（Bo Stefan S.），資料上顯示，他在二〇〇八年四月開了一個帳戶。一年之後，菲律賓警方逮捕了博和另一名瑞典人。調查人員衝進菲律賓第二大島民答那峨島上的一棟商業大樓，發現十七名裸體的女子坐在電腦的鏡頭前，她們的工作是在海外客戶面前上演脫衣秀來賺取費用。博和他的同夥很快就依販賣人口的罪名起訴。英語報紙《民答那峨質詢者》（*Inquirer Mindanao*）在二〇〇九年四月二十七日做了報導；二〇一〇年五月，瑞典的《瑞典晚報》（*Aftonbladet*）也報導了此案，隨後多家報紙也跟進報導。

每家銀行的法令遵循部門理當都會看見這些報導，應該說絕對會看見。因為「了解客戶」政策的基本常識就是定期將客戶姓名和相關的制裁名單進行比對，用Google、國際身分辨識系統或是國際新聞與商業情報（Factiva）等資料庫搜尋，這些地方匯集了幾乎世界上所有人的資訊。我們在第十二章曾提到，即便前西門子公司經理塞德早在這些資料庫裡被註記成行賄罪犯，瑞士信貸仍然沒有將他從客戶名單上除名。

針對銀行是否審查過瑞典人博的事，瑞士信貸不予回應。但是，我們在資料裡發現，博暫時得以保留他的帳戶。其實，理論上，帳戶可能依照官方命令而遭凍結，所以銀行沒有關閉它。在博被拘留的期間，仍然有錢進到他的帳戶，但是來源為何我們無從得知。

二〇一一年五月，博最後被判處無期徒刑。判決指出「對菲律賓女性的不尊重以及違反我國法律，本庭因此處以最重刑責」。這一次連《路透社》（*Reuters*）和《法新社》（*Agence France Press*）等媒體都有報導，他們的報導在國際上被轉載，甚至被《馬爾他時報》（*Times of Malta*）採用。在瑞士信貸的洩密資料上，博仍然是他們的客戶。直到二〇一三年底，博被逮捕的時間已超過四年以上，他的帳戶才被關閉，詳細原因不明。（直到本書付梓前，尚無法與仍在牢中的博取得聯繫並詢問他。）

羅特說：「我希望銀行能定期在Google輸入客戶的名字，在上面查詢就能找到客戶的相關資料」，「一旦發現可疑狀況，銀行必須立即向洗錢防制單位回報，否則他們就是違法。」律師莫妮卡・羅特正是我們先前多次引用的《瑞士私人銀行營運守則》的作者，她是琉森大學的教授，在瑞士享有「法遵女教皇」的稱號。

我們決定撥電話給她，聽聽看她對於這些案件的評估。最重要的是，當然不能跟她透露我們已經握有數千個瑞士信貸帳戶的洩密資料。因此我們只是很概略地跟她描述我們看到的情況。為了保護我們的消息人士也確保我們計畫的安全，我們也沒有透露這些案件是真實或是虛構。

我們問她，像是情報局長這一類身分的人能否在瑞士的銀行裡開戶？

「我不會接受來自俄羅斯的情報局長，南美洲的也不會；但我可能會接受在瑞士有一棟度假別墅的德國情報局長。」來自中東的？「絕對不可能。」

意見十分明確。我們接著又問：如果一名被指控動用私刑的情報分子，妳會接受他本人或他的小孩成為銀行的客戶嗎？「不會。」

又一次清楚的回答。要是換做涉嫌發動戰爭的人（像是阿爾及利亞將軍納扎爾）呢？「也不會。」

好。再來是某個被指控貪污，因而被免職的中東國家總理（像是約旦總理里法伊）？「不可能。」

或許還有一個針對西門子經理的問題，他曾捲入德國大型企業的賄賂醜聞，幾年後他的帳戶裡仍有好幾百萬元？「我會和這個帳戶解約，單純是為了顧及銀行的聲譽。」

現在，世界上大多數國家都規定銀行必須回報可疑的客戶或交易。德國的銀行必須向位於海關的國家金融情報中心（Financial Intelligence Unit, FIU）回報；在瑞士則是向設置在聯邦警察局底下的洗錢舉報辦公室（Money Laundering Reporting Office Switzerland, MROS）。問題是：如果銀行仔細審閱和回報多筆資料，一定會召來客戶對他們的反感。因此，瑞士的銀行在二〇二〇年僅回報了四千七百七十三件可疑案件。相比之下，同年來自德國金融單位的回報件數總計十四萬〇三百二十五件。雖然德國境內也曾有多起醜聞案件，但德國銀行在洗錢犯和盜賊統治者之間的受歡迎程度，一定遠不及瑞士的金融機構。

到目前為止，我們在洩密資料裡發現的多數客戶都屬於重要政治性職務之人，他們算是特別棘手的人物。法令遵循專家羅特經常在她的書裡討論這些人。她說：「並沒有禁止和這些人做生意，」這是根據最新的法律規定，「但是銀行高層必須參與決定。」此外，和梅克爾或是一位中東的獨裁者打交道是截然不同的。「就梅克爾而言，我認為貪污的風險相對非常低。」相反的，在貪污盛行和媒體言論自由受限的國家和地區，就必須更頻繁和仔細審查客戶的資料。「如果把關客戶的工作實在過於繁瑣，只要一有疑慮就乾脆拒絕客戶。」

梅克爾沒有出現在我們的資料裡，也不見現任總理蕭茲和其他前任的總理或總統。然而，在「貪污盛行和媒體言論自由受限」這一項，我們卻發現許多國家或政府的元首，銀行應該高度謹慎處理的一群人。他們在國家裡的帳戶與公共利益息息相關：除了約旦國王阿卜杜拉二世、現任亞美尼亞總統薩奇席恩、前約旦總理里法伊、阿爾及利亞已故總統布特弗利卡，還有一位伊拉克已故副總統，以及馬達加斯加、喬治亞、巴基斯坦已故總理，加上前敘利亞副總統以及已故葉門副總統。

除了國際透明組織公布的貪腐指數和一個國家的媒體言論自由排名，該名政治人物是否來自貧窮、政經情勢不穩定的國家，就是世界銀行所稱的「處於壓力的低收入國家」（Low Income Countries under Stress, Licus），這點對法令遵循專家羅特來說是另一個重要評判指標。我們也在資料中找到幾個來自這些國家的高層官員。

西非象牙海岸也是屬於這一類國家，我們在資料裡發現它的前國防部長、後來成為總理的巴卡約科，他在二〇二一年三月逝世。

奈及利亞也在名單上，知名政治人物、前石油部長菲利普・阿西奧杜（Philip Asiodu）在一九九八年開了一個帳戶，在他第二年成為總統的首席經濟顧問後仍然能夠保有他的戶頭。他同樣沒有回覆我們的問題。

總之，重要政治性職務之人不僅是政治人物或公務人員本身，還包括他們的配偶、前任伴侶、堂表兄弟、叔叔阿姨、子女和孫子，或者朋友。從我們的資料中就能找出一個絕佳的例子：人稱「媽媽」的尼吉娜・肯雅塔（Ngina Kenyatta）。她不僅是前肯亞總統喬莫・

肯雅塔（Jomo Kenyatta）的太太，也是自二〇一三年以來就任的總統烏胡魯・肯雅塔（Uhuru Kenyatta）的母親。一九八二至二〇一一年期間，她一共擁有四個帳戶，總金額約有數百萬美元。在潘朵拉文件中，我們還發現她是巴拿馬一家價值三千萬美元基金會的受益人，這個家族坐擁龐大的財富已經不是祕密；還有，前總統肯雅塔被指控利用職權中飽私囊也是人盡皆知的事。要向所有重要政治性職務之人提出的問題只有一個：錢從哪裡來，是否與家族成員從事的工作有關，或者全都是自己的收入。如果確定是後者，銀行應該有充分的文件證明。我們在資料裡發現許多瑞士信貸的客戶都算在「近親」的類別裡，先前已經提過的穆巴拉克的兒子、赤道幾內亞共和國獨裁統治者特奧多羅・奧比昂（Teodoro Obiang）的太太，還有喬治亞某位前首相的女兒。

有別於獨裁者、黑手黨、私刑將軍、情報局長和他們的親朋好友，瑞士信貸巴不得立即和一號人物解除合約：中國的異議分子兼藝術家艾未未（Ai Weiwei）。二〇二一年九月，當我們正埋首調查案件時，他在部落格上發表了一篇名為〈瑞士信貸無視言論自由〉（Die Credit Suisse lässt die Meinungsfreiheit links liegen）的文章。內容提到，瑞士信貸如何關閉他成立用來支持言論和藝術自由的基金會帳戶。「銀行說，他們這麼做是依據一項新政策，關閉所有擁有犯罪紀錄人士的帳戶。」銀行以電話告知他，會在最短時間內關閉他的帳戶。艾未未又說：「長期以來，瑞士在世界舞台上享受著因中立地位所帶來的特權。實際上，瑞士的銀行利用『中立』當護身符，向權貴勢力靠攏，獲得不正當的利益。」中國高層官員私下在瑞士信貸開戶消息早就不脛而走。

事實上早在二〇一四年，我們和國際調查記者聯盟在一樁共同調查的案件中，發現時任中國總理溫家寶的兒子透過瑞士信貸的幫忙，在英屬維京群島上設立了一家空殼公司。

艾未未的事件引人注目之處在於，瑞士信貸在此的做法就像大眾期待一家盡責的銀行遇到真正的罪犯時那樣：直接解除帳戶，沒有商量的餘地，但是對我們在資料中所發現的眾多客戶毫無作為。艾未未是一名藝術家，時常對抗世界上一個最強集權國家的反對派人士，他和在安全的瑞士數鈔票的獨裁統治者不能相提並論。

更糟糕的是，銀行當初告知艾未未關閉他的基金會帳戶的理由引起強烈的質疑聲浪。因為一般營業條款上並沒有這項規定，反而只有載明銀行可以「在任何時候終止業務關係，可立即或在稍後日期生效」，根本沒有提到犯罪紀錄。幾天後，銀行自行坦承這是一場烏龍事件。他們的最新說法是：艾未未沒有繳交必要的文件，突然間就閉口不提犯罪紀錄的事了。

第15章 新聞自由岌岌可危

幾個月來，我們一直研究瑞士信貸的內部洩密資料，超過一百名記者參與調查行動。我們共同的目標是揭發一樁全球弊案，關乎最高公眾利益的醜聞。因此，即便這些可能是吹哨者非法取得的資料，大家沒有躊躇就開始動工，並且公開部分的結果。

當前的情況是這樣：這是針對一家瑞士銀行的調查案件，內容有關銀行客戶保密條款。因此，讓一家瑞士的報社加入調查團隊也合情合理。

在調查巴拿馬文件時，我們也邀請了巴拿馬《新聞報》（*La Prensa*）的夥伴加入團隊，雖然我們起初不確定該不該信任他們。我們沒有私交，再加上巴拿馬不是一個大國。在首都巴拿馬城裡，政界、金融業和媒體業的人彼此都熟識；他們的孩子一起參加壘球隊，大人則造訪同一家歌劇院，去同一家餐廳吃飯。

但我們還是冒了這個險，因為我們直覺認為，當地的媒體夥伴能為調查增添益處。可想而知，一個國際團隊充其量只能以觀光客或訪客的角度認識並報導這個國家，很有可能沒有留意到細節、忽略了背景以及錯判事件前因後果。如果有個在地的合作對象，我們就能避免這樣的錯誤。而且，以《新聞報》總編輯麗塔・巴斯克斯（Rita Vásquez）為首的團隊也確實帶給我們所有人莫大的助益，由四百個來自世界各地的記者組成的大型國際調查記者聯盟。更重要的是，巴拿馬的夥伴讓這項調查看起來不像一樁殖民者的突襲行動。

調查瑞士信貸當然不能沒有當地記者的協助。ＴＡ媒體集團（Tamedia）自然是我們在瑞士的夥伴首選，它們不久之前更名為ＴＸ集團（TX Group）。ＴＡ媒體集團旗下包括《每日廣訊報》、《週日報》、《巴塞爾報》（*Basler Zeitung*）、《伯恩報》（*Berner Zeitung*）、法語版的《週日早報》和《日內瓦論壇報》（*Tribune de Genève*）等報紙。《南德日報》和ＴＡ媒體集團已達成固定交換報導文章的協議，我們雙方的調查結果會刊登在各自的報紙，有一些駐外記者替兩家媒體工作。我們百分之百信任ＴＡ媒體集團的夥伴，了解他們的能力和真誠的態度，尤其是奧利弗・齊爾曼（Oliver Zihlmann）帶領的調查小組，他和我們其中兩人一樣是國際調查記者聯盟的成員。我們不僅和齊爾曼共事多年，同時也是好朋友。

二〇一三年，我們首次和瑞士的夥伴一起合作，當時我們首度加入國際調查記者聯盟的專案「離岸解密調查」，一窺逃稅天堂的神祕面貌。身為瑞士人的他們或許更懂得，一個極度重視金融產業的國家，如何快速地因應外來的攻擊，因為這個產業替全國創造將近百分之十的經濟效益以及提供百分之六的員工職缺——所以經常無視批評聲浪。

從那時起，我們合作過幾件案子，從盧森堡洩密案到潘朵拉文件，我們還一起調查新聞及撰寫許多的報導。追查巴拿馬文件時，我們共同花了數個月的時間，試圖了解名叫謝爾蓋．羅爾杜金（Sergei Roldugin）的男子手中神祕龐大財產的來源，因為他是俄羅斯總統普丁的密友之一。況且，如果羅爾杜金是商人，或許可以解釋暗藏在空殼公司裡的幾億歐元。然而他的身分是一名大提琴家。

二〇一四年五月，羅爾杜金用名下離岸公司的名義在蘇黎世的瑞士天然氣工業銀行（Schweizer Gazprombank）開戶。身為普丁女兒的教父，他不得不為此填寫一份反洗錢的問卷（多年來瑞士銀行的新客戶都必須填寫），他聲明與重要政治性職務之人沒有任何關係。雖然普丁就如同是所有重要政治性職務之人的教父一樣，天然氣工業銀行顯然接受他的答案，至少羅爾杜金的瑞士律師把這份問卷送往巴拿馬。二〇一六年四月，在我們揭露了巴拿馬文件之後，瑞士金融市場監管局展開調查行動，最終在二〇一八調查結果出爐，天然氣工業銀行「嚴重違反防制洗錢應盡義務」。

這一次，我們當然也邀請了齊爾曼和他的團隊加入調查。然而，TA媒體集團在幾經思考後決定不加入，因為考慮到法律層面的因素。

他們決定不參加調查的背後原因是受到瑞士銀行法的規範。而且，我們研究得越深入，越是驚訝地發現，銀行法第四十七條至今竟鮮少受到關注，不止在國際上，連同在瑞士境內也一樣。因為新聞研究在這裡受到一定程度的限制，此舉不僅在西方國家中很罕見，亦是身處中歐國家的我們也意想不到的事。

簡單地回顧一下，銀行法第四十七條意味著記者對銀行展開調查恐要面臨牢獄之災，就算調查是為了最大公共利益也不例外。

其他國家對新聞自由也有嚴格的限制。像是在美國，有關情報或軍事議題必須說明來源出處，否則記者可能會被關押；類似的新聞議題在以色列甚至必須先送交官方審查後才能公開。在瑞士，報導內部人士提供的金融犯罪消息會被視為具潛在犯罪意圖，即使內容涉及某些銀行的醜聞歷史。

回顧過往：一九三四年銀行客戶保密條款通過時，規定違法者將處以六個月的有期徒刑，這項條文明顯是針對銀行職員。直到一九七〇年，規定變得更加嚴格，新的銀行法第四十七條明訂違法者得處以三年有期徒刑。然而，媒體並未直接受到影響。

二〇〇八年以後，當竊取內部資料的前瑞士信貸員工席納，以及後來在牢裡自盡的同夥沃夫剛把敏感且證明逃稅的德國客戶資料交給德國調查人員後，規定才逐漸改變。在那之後，德國政府又買了私人銀行瑞士寶盛集團和瑞銀集團的客戶資料。

結果，上百名瑞士銀行的客戶遭到調查，瑞士信貸必須支付一億五千萬歐元罰金給德國，瑞銀集團甚至要付七億八千萬美元給美國，而且調查人員也在這起案件中取得了銀行的內部資料。最後，連英國的匯豐銀行日內瓦分行的客戶資料也不翼而飛：在第三章提過的吹哨者法爾恰尼把這些資料交給法國政府，隨後也交給法國媒體《世界報》。幾經波折之後，國際調查記者聯盟連同全世界上百名記者，包括我們《南德日報》的記者在內，也收到了這些資料。二〇一五年初，我們以「瑞士洩密」（SwissLeaks）做為話題標記，聯手發表了調查結果。雖然匯豐銀行本來就不屬於瑞士，也不是兩大龍頭銀行之一，但結果公開後所引發的迴響著實讓瑞士金融中心坐立難安，瑞士也再度成為眾人討論的焦點。時任匯豐銀行主席史蒂芬．格林（Stephen Green）被迫辭去英國銀行公會顧問委員會的職務，匯豐銀行只好支付三億歐元罰金才逃過在法國遭起訴的命運。

齊爾曼帶領的TA媒體集團也參與了瑞士洩密調查案件。這起位於日內瓦的銀行可能涉嫌洗錢的報導，促使刑事檢察官搜索匯豐銀行。然而不久之後，瑞士的法律規定出現變化。

當時候，也就是二〇一五年，由議會發起的「嚴懲販售銀行客戶資料行為」提案正巧處於通過立法的最後階段。這項提案由自民黨所提出，他們擬定加重銀行法第四十七條的刑責。從今以後，任何利用內部人士「替自己或向他人揭露及利用」銀行祕密之人，包括透露某人在某家銀行開戶的事實，都將處以罰款或判處三年有期徒刑；藉此獲得「報酬利益」者（這裡特別針對販售所謂的逃稅光碟）甚至可能判處五年有期徒刑。五年有期徒刑表示洩密行為不再只是輕罪，而是觸犯刑法的重罪。

實際上，加重刑責意味著未來不只是違反銀行客戶保密條款的銀行員工將受到懲處，而是每一個人，包括記者在內。而且，報紙多半是販售而非贈送，也不能排除會被處以最高的刑責。也就是說，靠訂閱和報攤販售報紙的收入會被視為「報酬利益」。要是某個人揭露梅克爾把普丁大方贈予她的一大筆錢存在瑞士帳戶裡，同樣會遭到判刑；當然這是虛構的故事，不過卻能解釋整件事的關係。平日裡，許多瑞士的媒體時不時會碰觸到這項禁令，但總是小心應對，並知道自己是在一條狹窄的鋼索上求取平衡。

基本上，這條危及新聞調查的規定似乎只對少數人造成困擾。原因在於，立法的過程中只有聽取一方的意見：像是瑞士銀行公會（Schweizerische Bankiervereinigung），還有瑞士私人銀行協會（Vereinigung Schweizerischer Privatbanken）以及瑞士資產管理聯盟（Verband Schweizerischer Vermögensverwalter）都曾被徵詢意見。反倒是記者聯盟，連同無國界記者組織都被排除在外。

唯獨瑞士商業協會（Kaufmännische Verband, KV Schweiz），瑞士最大的辦公和銷售工作組織，似乎發現了問題並且批評：銀行客戶保密條款已經受到刑法的保護。此事擴及並未替銀行服務的第三方並不合理，尤其是「這通常涉及非法來源的資金」。瑞士商業協會不僅發現到這個漏洞，也明白它帶來的後果。協會的聲明中提出了警告：「研議的法規可能會導致記者或吹哨者在揭發非法資金時被追究刑事責任。」然而，這項警告只出現在某份議會文件裡。

也就是說，瑞士商業協會看到了被徵詢的專家們都沒有提到的一點：民主自由法治國家根本之一的新聞自由已經不保了。就連社民黨議員艾達・馬拉（Ada Marra）都提出警告，記者「再也沒有辦法（……），從事調查新聞的工作了。」自民黨議員安德利亞・卡羅尼（Andrea Caroni）則駁斥：「把偷來的祕密、私密和個人資料發布在媒體上非屬記者的職責。」

研究瑞士立法過程的人應該會發現一個「瑞士政治制度裡超乎尋常的特點」，如同評論家齊格勒在他的《身為瑞士人多美好》所提到，擔任議員又同時替銀行工作完全不衝突。事實上，支持加重罰責的十幾位議員都受雇於某家銀行。負責擬訂法律草案，同是這方面專家的國會議長也是瑞士信貸資產管理公司董事會的成員。

最終，無論是在國會或在瑞士大眾之間，都沒有人針對媒體要面臨的後果進行重大討論。這項法律修訂案通過後於二〇一五年七月一日（就在我們發布瑞士洩密案之後的幾週）正式生效。因此，那些勇於揭發瑞士銀行可疑交易的人已經一腳踩入監牢裡。記者只能指望，至少瑞士司法部門會認真看待保護合法利益的正當性。瑞士媒體律師表示，即便對銀行業再怎麼友好，以如此方式制定法律條文也會激發不滿的情緒。

我們《南德日報》記者和 Kiepenheuer & Witsch 出版社想在本書出版之前尋求建議，以便評估風險，尤其是瑞士律師的建議。聽起來容易，實際上窒礙難行。我們想徵詢的第一個律師，曾經把一家出版社的內部資料洩漏給銀行，我們敬而遠之；第二個律師，從他自家事務所的網頁得知瑞士信貸是他的客戶，我們只好放棄。就這樣找了一個又一個律師。我們一邊尋求律師的建議，也藉故更深入地調查並且請教專家。

我們向這個領域最知名的專家之一，弗里堡的法學教授溫茲勒請教調查報導裡是否出現過這類的情況，或者能否出版。他寫信回覆我們：「法律並沒有規定記者擁有豁免權。」

事實上，在銀行法的附文中，我們發現了有關記者的明確提示。裡面有一句略顯隱晦的句子：「刑法總則針對媒體刑事責任之規定，其特殊條款考量新聞自由基本權利，此與其他

刑法規定亦同。」(參照刑法第二十八條)

由此可知，對記者的影響已經被考慮在內。只是，刑法第二十八條與重要調查遭限制的程度無關。第二十八條規定，如果在媒體上公開資訊而構成犯罪行為，僅有作者會遭起訴；如果無法辨識出作者，則往上追究責任。意思是，如果我們沒有掛名出版這本書，出版社可能就要扛起責任；如果我們放棄在文章上署名，《南德日報》的主編自然就要親上火線。

如果是在德國、英國及美國，我們都無須這般繃緊神經，我們能有機會為自己辯護，因為我們的報導具有超越公眾利益的價值，也會樂觀認為能在這些國家裡伸張正義。這一切在瑞士卻彷彿難上加上。

就像我們在二〇一九年公開了伊比薩事件（Ibiza-Affäre）的始末。奧地利自由黨右翼民粹主義者，前副總理海因茨—克里斯汀．斯特拉赫（Heinz-Christian Strache）向一名據稱是俄羅斯寡頭姪女的人承諾簽訂政府合約，以換得選舉的支持。接著，我們就遭到這位政治人物的指控。因為我們公開了一段暗中拍攝影片的文字和畫面，內容是斯特拉赫和據稱是俄羅斯籍女子的對談。基本上，在德國公開祕密錄製的影音是違法的，卻不適用於此案。正如同慕尼黑檢察官在證實內容之後不久就撤銷了這起告訴，原因是：「有鑑於媒體與言論自由對民主法治國家的特殊重要性」，「新聞報導的重要利益」凌駕於一切之上，畢竟這是一個「情節重大的弊案」。類似這樣的辯護方式，以壓倒性的公眾利益為理由，在瑞士也行不通。

在瑞士這個特殊狀況裡有一點很重要：有別於伊比薩事件，瑞士信貸是否提告並不是關鍵所在。銀行法第四十七條提到了所謂的「非告訴乃論罪」。

儘管難以置信，但我們不得不預期瑞士將會對我們及我們的情報來源展開調查。以往，他們的調查人員利用逮捕令追查德國公務員向來都不手軟。

因為違反瑞士銀行客戶保密條款被起訴判刑的人不在少數。瑞士信貸的總部位在蘇黎世，法院對這種案件也有管轄權。上述提及的案件中，至今仍沒有記者坐上被告席。

此外，就在我們撰文的當下，另一個訴訟案也同步進行中：瑞士金融消息平台《閱兵廣場內的金融報》曾在二〇一六年報導，瑞士瑞福森銀行（Raiffeisenbank）的前總裁私下投資新創公司。記者也在報導內提到透過寶盛集團進行的交易細節，因此違反了瑞士銀行客戶保密條款。該名記者向《新蘇黎世報》證實，他已經接受過警方的偵訊。

轉眼來到了秋天，時值二〇二一年十一月，我們決定在發布消息之前再次前往瑞士。我們想和專家談談瑞士信貸、瑞士的銀行以及瑞士銀行客戶保密條款，同時想知道當地人對瑞士信貸的觀感。然而，我們卻無法安心地出發。當我們和各個專家談話時，必須比平時更加留意我們的手機和筆電和小心自己的發言，絕對不能讓人察覺，我們已經掌握到銀行的祕密資料。這很有可能是我們最後一次能在瑞士待上這麼久的時間，因此我們感到忐忑不安。

在距離瑞士邊境靠近林道（Lindau）最後的幾公里，我們準備好了證件和隨時可能派上用場的疫苗注射證明。我們駕駛著車子離開高速公路來到休息站，買了通行費的證明，確認它已按照規定貼在擋風玻璃上，絕對不要引起別人的注意。然後我們開車經過普凡德隧道（Pfändertunnel），途經奧地利境內一小段道路，過了一會兒就進到了瑞士，平安到達。

瑞士對我們來說都不陌生，也不是一個需要冒險的地方。我們已經開過這條高速公路不下數十次，去聖加倫（St. Gallen）附近拜訪親戚，去格勞賓登州（Graubünden）滑雪或是到格拉魯斯州（Glarus）找朋友。然而，突然間感覺完全不一樣了。我們知道，幾個月後，這個國家大部分的人會以批評的眼光看著我們，而我們也很可能會遭到調查。但現在還沒有人知道任何消息，這種感覺很怪異，彷彿像是自己欺騙了這個國家的人。但是，我們當然不能對任何人透露消息。

我們已經規劃好接下來幾天的行程，蘇黎世是我們一定會到訪的地方，還有巴塞爾、伯恩和為了保護資料來源不能透露的其他地點。

我們試圖在蘇黎世（在其他事情以外）感受一下瑞士信貸的位址，行經瑞士信貸和瑞銀集團週邊的閱兵廣場，觀察走入銀行大門的人。這裡充滿著商業氣息，還有聖誕節前夕悠閒的步調。當我們在瑞士信貸大樓中庭朝私人客戶入口方向拍照時，氣氛頓時不同。一名保全人員快步朝我們走來，我們轉身離開。

我們試著在不引人注目的情況下，盡可能在瑞士徵求更多專家的建議。因此，我們有時不得不以較委婉的方式詢問對方能否和我們聊一聊。即使如此，許多人卻還是願意見我們一面，讓我們感到很開心。在琉森，我們和二〇〇二年至二〇一七年期間擔任聯邦刑事檢察院長的林哈德・奧克斯納（Lienhard Ochsner）碰面。當時，他被視為是確保獨裁者和他們的黨羽至少無法公然在瑞士暗藏資金的重要人物之一。最受人敬重的一位反貪腐專家皮耶特和我們在巴塞爾碰頭。他向歷經多次醜聞的國際足球總會（Fédération Internationale de Football Association, FIFA）提出重建公信力的建議，但是這麼做是否能奏效，皮耶特抱著懷疑的態度。巴拿馬文件公開之後，巴拿馬政府網羅他提升當地辦事流程的透明化。然而，當他發現政府並沒有心想改變時，他就撤手退出了。

針對瑞士法律的特殊性和限制，皮耶特和奧克斯納讓我們徹底了解瑞士的各種實際條件，否則我們少不了要再讀三十本以上的書。他們兩位也十分健談，一點都不符合瑞士人給人對銀行充滿熱情的刻板印象，我們在此也不想再散播這樣的想法。很可惜，我們無法告訴他們到訪瑞士的確切原因，希望他們能理解。

最後，同樣在巴塞爾和我們碰面的是蘇珊娜・洛伊特內格爾・奧柏霍爾澤（Susanne

Leutenegger Oberholzer），瑞士社民黨裡的大人物。這位前財經記者、律師和社民黨的州法官已經在瑞士國會任職超過二十年。她堪稱最嚴厲抨擊瑞士銀行客戶保密條款的人士之一，她喜歡稱之為「逃稅者保密條款」。她呼籲禁止犯法的銀行家從事相關職務；二〇一四年，銀行法第四十七條刑責加重案在國民院進行討論時，她是高分貝批評這項提案的其中一人。

我們和她在巴塞爾火車站裡的一家咖啡店碰面，同行的還有社民黨副祕書長盧西亞諾．法拉利（Luciano Ferrari），洛伊特內格爾稱他「本黨的智庫」。法拉利頭髮花白，戴著方框眼鏡，嘴角始終掛著微笑，這名六十多歲的男子也當過記者，他帶領《每日廣訊報》國外編輯部長達十二年。法拉利說：銀行法第四十七條刑責加重案通過時，社會籠罩在一股熱烈的討論聲浪之中，逃稅光碟、大眾批評和指控蔚為話題，「當時瑞士感到自己受到譴責」。每個對瑞士銀行做法表示質疑的人，似乎就「涉嫌背叛國家」。

當我們把記者可能要面臨的後果以及交談過的專家提出的評估告訴洛伊特內格爾時，她顯得很震驚。她沒有注意到瑞士商業協會的警告，也忽略了這一點。現在必須立即扭轉情況，即使可能要花上幾年的時間才能修改這條法律，至少可以給記者更完善的保護。她打算儘快處理這件事，「必須不惜一切代價修改這條法律，維護一個乾淨的瑞士金融中心是不容妥協的事。」

第16章　政府的頭號目標

我們開車行經瑞士比拉赫區的一個不起眼的地方，周遭的一切十分寧靜。難以想像我們即將見到一個長久以來令瑞士銀行界聞之色變的男人，這個人多次提供銀行內部消息給記者。二〇一一年一月，他和維基解密創辦人朱利安．亞桑傑（Julian Assange）在倫敦前線俱樂部舉辦記者會時，交給對方據稱是存有瑞士銀行客戶資料的光碟，因而引發全球轟動。魯道夫．艾爾默（Rudolf Elmer）對某些人來說是英雄、擁護正義和資訊透明的鬥士，另一些人把他看成是背叛者、竊盜者和罪犯。

當吹哨者分享內部的資料時，不會只是短暫受到大眾的矚目，還不得不做好放棄現有生活的心理準備。他們經常要出庭，面對名牌律師團、憤怒的原告和冷酷無情的法官。夠幸運的話，大陣仗的媒體能堅持到訴訟結束並支持他們；倒楣一點的，記者們會提前就離開。無論哪種情況，最終都剩吹哨者獨自一人繼續過著他的生活。

我們迫不及待想知道艾爾默的近況，距離他和亞桑傑一起露臉已經超過十年了。艾爾默身穿西裝打著領帶，站在名聲響徹全球（目前被關押在英國）的亞桑傑身旁，這一幕我們都還忘不了。這時，我們來到他位於羅巴斯（Rorbas）的家門口。

我們才剛下車，親人的狗「天使」就已經前來迎接我們，艾爾默在模里西斯沙灘上發現牠正在挨餓才帶牠回家。接著，這位前銀行經理從屋裡走了出來。隔了一下子，我們就坐在他的廚房裡，他一邊替我們煮咖啡；他的太太則在趕在下一個視訊會議開始之前（因為新冠疫情居家上班），親切地和我們打了招呼。艾爾默苦笑著說：「我現在是不折不扣的家庭主夫了，我的最後一份工作是在十五年前。」

艾爾默揭發瑞士寶盛集團在開曼群島上涉及高度公共利益的弊案。他供出疑似申報不實的稅務資料，曝光該銀行可疑的作為，但是他並沒有因為這樣獲得眾人的感激，至少不會在瑞士。

他因此聲名大噪，無庸置疑。有一本關於他的書，還有一部電影《天堂裡的一道祕密》（*A leak in paradise*，暫譯）。這也表示，不斷有人找上他，希望他能提供協助或建議，因為這些人正考慮要不要成為吹哨者。艾爾默才剛又提到一個這樣的案例：「一名三十五歲的男子，受過高等教育、大學畢業，還有美好的工作前程。」這名男子想要在公開某些事情之前聽取他的建議。「然後我告訴他：現在有兩個問題擺在你眼前。第一，你有家庭嗎？第二，你還想在自己的產業裡工作嗎？」這個人馬上就意識到艾爾默想表達的意思，他的建議是：「其中一個問題的答案若是肯定的，就打消這個念頭，因為這對你未來的四十年人生一點好處都沒有。」說得更嚴重一點：身為告發瑞士銀行弊端的人同時也死了好幾次，「社會上的名聲、經濟條件和專業都跟著被埋葬。」

無論再怎麼努力，艾爾默無法在社會上知名的、即使不是專營有錢私人客戶的銀行找到工作。瑞士沒有一家銀行願意雇用一個曾經將銀行內部資料公諸於世的員工。艾爾默當警察的兄弟也被暗示工作可能不保，於是，他再也不和手足聯繫。不僅如此：「我也曾是一名銀行家孩子的教父，我們已經認識好幾年了，後來也結束這段關係。我被排擠了，這一切當然是有意義和目的。」如此折磨人的事，就連艾爾默這麼堅強的人都說，當時他已經下定決心，不想「再繼續活下去了」。但是，他的家人拉了他一把，「最幸運的是」，他接受了妥善的心理諮商。販售瑞士信貸客戶資料光碟給德國政府，後來在牢裡自殺的奧地人沃夫剛就沒這麼幸運了。

面對成為公眾人物的壓力，每一位吹哨者的處理方式都不一樣。艾爾默、竊取瑞士信貸資料的席納、前瑞銀集團員工柏肯菲德、把資料交法國政府的法爾恰尼等人，在瑞士都是最有名、最為人所熟知的吹哨者。他們各自的情況都不同，但過去都曾替銀行工作，之後就把部分工作上的資料交給外人。艾爾默公開了開曼群島上的寶盛集團內部不法情事；席納利用職務之便，複製了瑞士信貸的客戶名單；柏肯菲德舉報了瑞銀集團協助逃稅；還有竊取匯豐銀行內部資料的法爾恰尼。每一回，社會大眾都得知更多有關瑞士銀行弊端的消息，但這四人最終還是被起訴。

每當有人問我們，這四個人做出了這麼重大的貢獻，我們應該要同情他們吧？我們不一定要這麼做。教科書上說，他們四個人的行為是對的，在道德上真的無懈可擊嗎？當然不是。

就艾爾默的例子來看，他用了印有寶盛集團抬頭的信箋寫信，謊稱梅克爾有一個非法資金的帳戶。他表示，這麼做是為了測試維基解密是否會如實公開他們吹哨者提供的所有資料。

我們的資料顯示，在銀行擔任資訊工程師的法爾恰尼一開始打算利用偷來的匯豐銀行資料謀利。他和當時的女友在黎巴嫩販賣銀行資料時，就已經被瑞士警方給盯上了。然後，這兩個人改變了做法，把資料賣給國家情報單位（法國和英國情報局），最初並沒有成功。

直到後來，當他冒險躲避瑞士官方的追蹤、在法國落網之後，決定把資料分享給政府，各國國庫也因此追回了上百萬的逃稅金額。

他一開始就想用資料來換錢，所以他就是生意人嗎？他想發財或先採取預防措施，因為他知道自己的職涯將提早結束？或者，他是英雄，因為在他的協助之下眾多逃稅的人被定罪？

客觀看待這件事，這四個男人至少都了維護正義，讓原本藉由逃稅存在瑞士帳戶的上百萬歐元得以用來做為學校、醫療或改善街道的經費。

此外，艾爾默之前曾為瑞士信貸工作，他熟知瑞士銀行和內部流程。因為擔心提供資料給我們的麻痺債務人，所以我們才來找他。一旦麻痺債務人曝露了身分，後果可能會比艾爾默的來得更嚴重。我們之前曾提到，吹哨者現在恐怕要面臨最高五年的有期徒刑。

事實上，艾爾默被指控違反銀行客戶保密條款，並在一審時被判有罪。然而，瑞士聯邦法院卻在二〇一八年撤銷了判決，因為他工作的地點並不在蘇黎世的寶盛集團，而是在開曼群島上的子公司。純粹從法律上來看，艾爾默交出來的資料並非來自瑞士，而是來自英國海外領土上的一家銀行，而且瑞士銀行客戶保密條款並不適用於國外。

瑞士銀行法第四十七條不僅對新聞自由構成威脅，還危及到想要為公眾利益發聲的吹哨者。他們想警告社會大眾這些越演越烈的錯誤情勢，並阻止銀行家目無法紀地操控銀行；或者，他們想證明這些銀行家的行為罔顧秩序和法律。

我們身為德國記者，倘若真的被調查，最後被起訴的話，我們握有管道和資源能捍衛我們的新聞調查。最壞的情況就是我們再也不要踏入瑞士一步，以免被逮捕。如果因此不能跨足瑞士去探望家人和朋友，對我們來說既難受也不習慣。

在這段期間，我們和無國界記者組織瑞士分支的祕書長丹尼斯．馬斯梅揚（Denis Masmejan）找到了某個人，他要我們不必擔心法律層面的問題。馬斯梅揚認為，在瑞士，和在每個法治國家一樣，必須按照憲法來解釋法律。由於銀行法第四十七條明顯侵犯新聞自由，因此不適用在記者身上。那位在瑞士法語區納沙泰爾大學（Université de Neuchâtel）教授新聞法的記者也強調：「如果有個記者就能否公開這類資料請我給他建議，『可以』就是我的答案。」

此外，還有一家規模龐大的媒體公司以及優秀的法律部門在背後支持我們。如有疑慮，我們也會尋求更多律師，當然還有國際媒體夥伴的協助。瑞士最大的記者工會Impressum已經向我們保證，如有疑慮，他們會陪同因為違反銀行法第四十七條而被告上法院的記者，「直到聯邦法院或史特拉斯堡的歐洲人權法院」。這麼做能保護記者和他們的安全。

但是我們的消息來源麻痺債務人卻無法享有這一切的保護。他必須做好因為違反銀行保密條款而遭到起訴的心理準備，很可能還不只這一條罪名。二〇一五年十一月，匯豐銀行的吹哨者法爾恰尼因為洩漏「金融情報」——從事金融間諜——在未出庭的情況下被判處入獄五年。這位被《紐約時報》稱為「銀行界的史諾登」據說現在住在西班牙，有朝一日如果踏入瑞士領土，他就必須面臨被逮捕的命運。

這也是我們心中最在意的問題：我們並不知道提供瑞士信貸資料給我們的麻痺債務人住在哪裡，是否在瑞士，身處瑞士警方的管轄範圍內；或者像法爾恰尼一樣在國外，或者也不是。想到這裡，我們的胃隱隱作痛。

我們待在瑞士的期間，收到了組織犯罪與貪腐舉報計畫負責人蘇利文的訊息：「有些事你們應該要知道。」他說，在約旦替組織犯罪與貪腐舉報計畫工作的夥伴蘿拉・迪米斯（Lara Dihmis），她收到蘋果手機的通知，自己被惡名昭彰的間諜軟體飛馬座監視了。組織犯罪與貪腐舉報計畫現在想把她的手機交由獨立的專業人員檢查。「我認為這是一個壞消息。」

偏偏是飛馬座，沒有比這個更難對付的間諜軟體了。

飛馬座是一種數位多功能武器。數個月以前，二〇二一年七月，我們才剛在一個國際合作的新聞調查「飛馬座計畫」，揭發這個軟體如何被運用來對付世界各地的人權鬥士、記者和異議分子。只要手機被安裝這個軟體，它就會同步監聽和監視上面所有的活動，瀏覽上面所有的電子郵件、監聽每一通電話，查看和竊取存在手機裡的每一筆資料和每一張照片，連同我們所使用的加密通訊軟體頓時都不再安全，因為飛馬座也能讀取加密資料。一位女性人權鬥士就在我們和她討論這項調查行動時被監聽。從那時起，我們會定期檢查自己的手機是否有飛馬座或其他間諜軟體的蹤跡。還好，檢查並不困難，到目前為止我們從沒發現過任何東西。

根據開發飛馬座的以色列公司NSO集團（NSO Group）表示，他們只把軟體出售給國家。哪個國家盯上了迪米斯並不清楚，約旦的可能性最高。還記得，我們在瑞士信貸的資料裡發現約旦國王也有一個帳戶。

我們一直在想，誰已經知道了我們的調查行動。這一點非同小可，因為此時此刻，我們人就身處在瑞士。要是銀行甚至是檢察官知道我們取得瑞士信貸內部資料，還有其他記者也知道這些祕密，我們隨時都可能在這裡被逮捕。我們有充分的理由相信，沒有別人握有我們的資料，但在我們公開消息之前總是抱持著一絲的擔憂。而且，許多國際記者想要採訪有關銀行客戶保密條款、逃稅光碟和吹哨者的故事，相關領域的專家們不會沒有注意到這一點。

到目前為止，我們的計畫是在二〇二二年一月底，用我們的調查結果和瑞士信貸及其客戶對質，讓他們有機會說明自己的看法。之後，我們會禁止所有調查團隊成員到訪瑞士。沒有意外的話，瑞士信貸會開始追查洩漏消息的人：銀行應該會召集一支專門的小組，調查這些被外洩的資料如何送到我們手中，可能也會通知檢察官。如同大家所知道的，因為銀行法第四十七條。

根據我們的觀察，到目前為止，麻痺債務人處事靈活也很有遠見。他從其他吹哨者的錯誤中學到教訓，只用最安全的管道和我們聯繫：「安全投遞」，我們的匿名電子加密信箱。就算我們想要知道他是誰，在技術上也無法找出提供資料的人。不只是我們，連瑞士信貸可能會派出的偵探都做不到。因此，銀行（如同第二章所述）在這方面早有一定的經驗：調查現任或以前的員工，甚至連外人也不放過。之前說過，我們只得知系統給消息來源取的暱稱「麻痺債務人」。我們知道，他、她或是一群人以某種管道取得銀行內部資料，讓我們現在也有機會了解實情。除此之外就一概不知了。

我們也無法百分之百斷定，這個人或這群人是否在瑞士信貸裡工作；如果是，也不知道他或他們是否還在職。前一段時間我們和他中斷了聯繫，原因不明，因此讓我們感到憂心。

瑞士在保護吹哨者這件事情上還有待進步（順便說德國也是如此）。少了有勇氣的告密者，瑞士的許多貪腐和洗錢案，還有社會詐欺和壟斷事件都無法見天日。儘管如此，沒有任何法律可以保護吹哨者，他們輕易地就能被雇主解雇。不久之前才有一位醫生登上頭條新聞，他因為揭發蘇黎世大學醫院裡的不法事件被開除。接著，地方議會還公開了他的姓名。

十幾年來，瑞士政黨就針對制定有效保護吹哨者的法規進行協商，然而到目前為止還沒有一項提案成功，最近一次是在二〇二〇年三月，瑞士國民院否決了一項相關的提案。國際透明組織稱這起事件為「瑞士的無能證明」，該組織的瑞士分支負責人馬丁・西爾地（Martin Hilti）寫道：「瑞士給吹哨者的法律保護不足」，「因此，吹哨者要冒著丟掉工作、再也不被聘用、社會的排擠甚至是可能吃上官司等風險。」

陸續和幾個人面談之後，我們在秋末的某個夜晚離開了瑞士。我們不能透露談話的內容，因為我們已經向對方保證會守口如瓶。我們沒有在車子裡藏匿不法資金，就像一位遠房親戚曾對我們其中一人坦承的那樣，但我們買了巧克力，瑞士的巧克力。誰知道下回何時會再回到這裡。外面又冷又暗，為了喝咖啡，我們又再停車加了一次油。

在瑞士的那幾天讓人很興奮，我們和許多友善的人交談。對於瑞士在國際貪腐案件中所扮演的特殊角色經常被默許，為此我們也感到吃驚。所以我們懷著複雜的心情離開瑞士。為了在公布調查結果之後能夠和我們交談的人再次討論，我們願意再回到這裡，帶著我們目前無法透露的訊息和調查的資料。至於有沒有這個可能，日後就能見分曉了。

離公開調查結果的日子越近，我們就更加擔憂麻痺債務人的處境。我們想警告他必須要採取預防措施，像是聯繫專門受理吹哨者的律師事務所，為家人做好預備或者離開目前所在的國家。我們不希望這個人面臨像艾爾默，甚至是在監獄裡自殺的沃夫剛一樣的命運。最好能和傳遞巴拿馬文件給我們的消息來源一樣：至今沒有人知道他是誰。

我們不斷透過「安全投遞」寫信給麻痺債務人，暗示他調查結果即將公開，預估他將會被澈底地搜索。

然而，麻痺債務人始終沒有回應。

在感到絕望之際，我們嘗試過推特，這不是我們慣用的方法。我們利用《南德日報》調查新聞部的帳號發布了一個英文的消息：「一直以來，我們提供管道讓匿名吹哨者能透過安全投遞信箱聯絡《南德日報》調查報導編輯團隊。曾經發信給我們的所有人，請定期查看回覆。」

這條推文刻意寫得很籠統，這樣瑞士信貸或瑞士政府才不會得知太多消息。希望麻痺債務人能明白我們的要傳達的訊息。這段期間裡，我們掌握到了約旦夥伴迪米斯被監控的事情。「壞消息」，蘇利文在來信裡這麼寫道，不只是迪米斯，連同她的同事拉娜・薩巴格（Rana Sabbagh）顯然從二〇一九年起也受到飛馬座間諜軟體的監控。蘇利文直截了當表示：「我們必須假設約旦政府已經知道這些事。」

倘若如此：我們向國王問好。

第17章 以上帝之名

每年六月二十九日，使徒彼得和保羅瞻禮日前後的星期天，全球虔誠的天主教徒都會捐款給這位耶穌基督在世上的代理人。羅馬大祭司、聖父、羅馬主教以及所有天主教徒的教宗需要這筆錢。世界各地在望彌撒時會準備奉獻袋讓教友捐款，眾人熟悉的彼得獻金，德語叫做Peterspfennig，英語稱為Peter's Pence，義大利語是Obolo di San Pietro，意思是給聖彼得的奉獻。

聖彼得的繼任者，也就是現任教宗，他的教會將募捐傳統自七世紀開始延續至今，至少在梵蒂岡教廷的網頁上是這麼寫的。根據官方說法，彼得獻金是用來幫助最貧窮的人，是「資助教宗從事必要性慈善活動」的資金來源。然而，這只不過是這項年度奉獻活動背後的其中一個目的。因為信徒捐的錢主要是用來資助教廷的開銷，供應「教廷各種服務活動的支出」，也就是支持教宗行使他的職務並組織梵蒂岡和天主教教會的運作。

負責募款的單位就是直接隸屬於教宗的國務院，而資金的帳戶就設在（你們猜到的）瑞士信貸。一開始知道這件事不免有些驚訝，因為梵蒂岡有一家自己的銀行。一九四二年由教宗庇護十二世所設立的宗教事務銀行（Istituto per le Opere de Religione, IOR），「負責管理宗教資產的單位」，通常簡稱為梵蒂岡銀行。

在義大利法西斯與納粹德國結盟成軸心國之後，教宗資產管理者在建國時就發現教會資產身處險境。梵蒂岡自一九二九年起就是主權獨立國家，法西斯總理貝尼托・墨索里尼（Benito Mussolini）與教宗國務卿在所謂的拉特朗條約（Patti Lateranensi）中達成協議。然而，梵蒂岡有自己的外交備忘錄並向同盟國靠攏。記者菲德柳斯・施密德（Fidelius Schmid）在他的《上帝的地下帳戶》（*Gottes schwarze Kasse*，暫譯）中寫道：二次世界大戰意味著「無論戰爭的結果如何，德國襲擊蘇聯之後，公開反對天主教的集權政體也跟著壯大」。梵蒂岡需要藉助自家銀行，一方面讓自己的財產不受制於義大利墨索里尼政府，也就是提取義大利銀行裡的資產，並且由教廷自己管理；另一方面，為了預防同盟國可能對義大利或德國銀行進行制裁。

今日，梵蒂岡銀行設置於宗座宮北側的一座圓塔內，距離教宗官邸不遠，一樓有一個櫃檯大廳。照片上除了看到大廳正面有一個十字架和高貴的大理石地板之外，就沒有其他的裝飾了。此外，銀行的自動提款機還提供拉丁文界面。

根據二〇二〇年的銀行年度報告顯示，梵蒂岡銀行目前只有將近一百名的員工，負責管理五十億的資產，其中三十三億都不是當地居民的財產。銀行成立之初，教宗庇護十二世雖然設下銀行只能保管「用做信仰或服務上帝事務資金」的開戶門檻，但銀行內部人員從一開始就沒有嚴格遵守這個規定。最初銀行規劃只接受教會組織、宗教團體或是教會裡非神職人員開戶，然而，數十年以來卻沒有獨立機構來監督。教宗若望保祿二世頒布一項規定，讓外國人士也可以在梵蒂岡銀行開戶，前提是要捐獻一部分的資金做為慈善用途。最新的年度報告指出，銀行客戶主要是聖座在國外的代表機構、梵蒂岡使節和民間組織，像是慈善團體、學校或醫院，並嚴禁「與教廷或天主教會無關客戶」。但是幾十年下來，這項嚴格的限制顯然並不存在，導致犯罪活動幾近猖獗，醜聞案件也接踵而至。

義大利記者詹路易吉・努齊（Gianluigi Nuzzi）多年來公開梵蒂岡的金融醜聞，在他的著作《梵蒂岡股份公司》（*Vaticano S.p.A.*，暫譯）中指控梵蒂岡銀行是「位於羅馬中心的巨大洗錢機構」，「被黑手黨利用並肆無忌憚地用於政治謀略；一個僅受梵蒂岡法律約束的避稅天堂，而且是以上帝的名義。」其他銀行也經常捲入梵蒂岡銀行的醜聞裡，其中某幾家甚至不得不在義大利政府的要求之下凍結來自梵蒂岡銀行的資金，直到依法查明來源為止。

二〇一三年，義大利銀行為此停止梵蒂岡境內的刷卡付款方式，因為梵蒂岡銀行沒有履行打擊洗錢的義務。突然間，數十萬名遊客只能用現金支付梵蒂岡博物館的門票，因為教會財產管理者沒有善盡監督的職責。

梵蒂岡銀行長期以來仰賴像是瑞士信貸這般規模較大、在世界各地擁有分據點的金融機構來進行國際上的交易。一家小型獨立的銀行如果在他國沒有辦事處就無法操作國外匯款。大型的合作銀行在這時就能發揮功能，替小型銀行匯款並從中賺取利潤。

梵蒂岡和瑞士信貸的合作關係早在梵蒂岡銀行成立之前就存在了。義大利政府和教廷在一九二九年正式分離，位於羅馬的義大利政府支付給教廷數百萬元做為領土損失賠償金，這筆錢隨即存到瑞士的數字帳戶內。二次世界大戰之前，教廷也把黃金儲備在瑞士信貸的保險庫。一九四二年教廷擁有自己的銀行之後，就以瑞士金融機構的營運方式當作範本，採用匿名的數字帳戶和保險箱。教會的工作人員有著最嚴格的保密資歷，而這種保密功夫和瑞士一樣成為各類金融犯罪的溫床。

最傳奇的就是大主教保羅・馬辛庫斯（Paul Marcinkus）的種種伎倆，他從一九七一年至一九八九年擔任梵蒂岡銀行總裁。他的名言就是：「活在世上怎麼可能不想著錢的事？不能靠著聖母經領導教會。」為了增加教會的收入，躲避大部分收益來自梵蒂岡資產的義大利稅務機關，大主教馬辛庫斯和下層社會的角頭和騙徒交易。一九八二年，義大利最大私人銀行「安保信銀行」（Banco Ambrosiano）倒閉時，梵蒂岡銀行負債高達上億元。安保信銀行總裁是大主教的密友（兩人皆是有影響力的共濟會成員），在銀行倒閉之後，被發現吊死在倫敦「黑衣修士橋」橋下，外套口袋裡塞滿了磚塊。屍體被發現的當天，他的祕書從窗戶墜落身亡。後來，西西里島黑手黨的五名成員被控謀殺這名銀行總裁，又因證據不足被無罪釋放。

一九八七年，義大利司法部下令逮捕大主教馬辛庫斯，理由是涉嫌協助詐欺導致銀行破產，在銀行已無法挽回破產局面之際，他還替深陷困境的銀行做擔保。在梵蒂岡神聖堡壘的庇護下，馬辛庫斯逃過義大利政府的追捕，而且仍繼續當了兩年的梵蒂岡銀行總裁。後來，義大利法院裁定馬辛庫斯身為梵蒂岡官員享有豁免權，不能被逮捕。

一九八九年馬辛庫斯卸任後，由安傑洛．卡洛亞（Angelo Caloia）接任他的職務。銀行醜聞卻還是接二連三發生。卡洛亞在職二十年，直到記者努齊整理梵蒂岡國務院上萬筆資料並寫成《梵蒂岡股份公司》揭發不法後才下台。一名修士偷藏了這些文件並帶往瑞士，並且在遺囑中交代在他死後公開資料。努齊靠著這些資料才得以說出梵蒂岡銀行如何成為黑錢和黑手黨資產的藏身之處。後來卡洛亞被判重罪。二〇二一年，梵蒂岡刑事法庭以洗錢和貪污罪名判處他八年以上有期徒刑。梵蒂岡銀行在瑞士信貸的其中一個帳戶是卡洛亞擔任總裁期間所開設，另一個則是在馬辛庫斯任內。

事情就是如此。想和梵蒂岡交易的所有銀行都必須認識這些歷史，特別是和梵蒂岡銀行有關的故事；跟瑞士信貸也一樣。因此，瑞士信貸原本就該發現，一直以來醜聞從未間斷過，伴隨著教廷每一回的財政改革和改進聲明，下一回又有犯罪行為被揭發。「每個人都知道梵蒂岡銀行的問題和犯罪嫌疑，」瑞士研究貪污研究專家皮耶特說：「因此，每家銀行都必須睜大眼睛，不能對某種犯罪模式視而不見。」一定要謹慎看待來自梵蒂岡的每一分錢，包括信徒每年捐贈的彼得獻金。

或者，應該特別留意彼得獻金？教廷極力強調那是用來從事慈善活動的資金。教宗本篤十六世曾解釋，捐獻是「所有信徒參與羅馬主教替全球教會造福活動的一貫方式」。樞機主教更指出，在新冠病毒大流行期間更應該踴躍地捐款。最新的呼籲是：「在危機時期，更重要的是具體展現出對教會的歸屬感和對教宗的敬愛，這是一種團結的象徵。」還有，「多虧每一筆捐款才能讓計畫得以實現，讓受疫情之苦的民眾能感受到教宗方濟各的存在。在危機之中需要有所改變。為因應新冠病毒造成的後果，教會站在全球前線，從事人道救援和醫療的支援，透過地方教會找到新的管道，將上帝撫慰人心的話語傳到各個角落。」

教宗向十三億天主教徒發出捐款的請求時，應該能募到一筆可觀的數目，但金額卻逐年遞減。教廷經濟祕書處處長在介紹預算計畫時曾說：梵蒂岡在二〇二一年預計募得四千七百萬歐元，其中一千五百萬規劃做為慈善用途，剩下的絕大部分會留給教廷。二〇二〇年共募得五千萬，但二〇一九年募得高達五千四百萬。捐款數目不斷下滑的原因，可歸咎於像美國這樣踴躍捐款國家裡的天主教徒人數減少，也有可能是梵蒂岡在過去幾年裡失去信徒的信任。大家只想到被揭發的虐待事件、教廷對待受害者或是試圖澄清的方式，往往是隱瞞多過於解釋。

不僅如此，一件教廷聖殿內的龐大財務醜聞從多年前延燒至今，更重創天主教會的聲望。整起事件牽涉到貪婪的樞機主教、不可靠的財務顧問、政治陰謀，以及擁有百年歷史教會裡的陋習。釀成醜聞的起因是一樁失敗的投資案，絕大部分的資金來自幫助貧困之人的信徒捐款，也就是彼得獻金。數百萬元流入馬爾他和盧森堡的不透明基金帳戶，不只用來購入高於市價的房產，還有從事像是電影製片等不尋常的投資，光是投資在科幻電影《MIB星際戰警》（*Men in Black*）的金額就高達三百三十萬歐元。根據媒體報導，警方在教廷一名職員的鞋盒裡搜出二十萬歐元現金，包括價值兩百萬歐元的硬幣和獎章。長久以來，教會工作人員集體謀利自肥的傳聞甚囂塵上。

在這部近期上演的教會醜聞戲碼中，男主角是若望．安傑洛．貝丘（Giovanni Angelo Becciu），記者都稱他「教廷裡的葛登．蓋柯」，借用了好萊塢電影《華爾街》（*Wall Street*）裡的混蛋男主角姓名。二〇二〇年以前，貝丘擔任樞機主教，也就是教會的核心成員，掌管梵蒂岡內部最重要事務。他曾是繼國務院國務卿和教宗之後，排名第三位的重要人物。二〇二〇年九月，他提出辭呈，教宗方濟各隨即接受。真相很快就水落石出，這起不尋常的事件並非自願請辭，而是眾所矚目的被迫下台。被開除的貝丘不滿地表示：「教宗犯了一個錯誤。」

貝丘的難關還沒結束。二〇二一年七月，如今七十三歲，有著濃密黑色睫毛、來自義大利撒丁島的神父成為第一位坐上梵蒂岡法庭被告席的樞機主教。梵蒂岡擁有自己的司法系統，其中的法官不僅是律師，同時也是代表教會法規的神職人員。當地實行的「教會法」是一部也涵蓋了刑法法典的天主教會法規。貝丘是現任教宗身邊多年的親信，也讓這件事變得更加複雜。

除了這位前樞機主教，另外還有九名被告，總計四百八十八頁的起訴書，記錄了長達兩年的調查結果。內容涉及一連串的犯罪事實：詐欺、洗錢和勒索，特別是貝丘的案件涉及濫用職權及挪用公款。義大利揭弊記者埃米利亞諾．菲蒂帕爾蒂（Emiliano Fittipaldi）稱之為

「三十年來最大的財務醜聞」。瑞士信貸和內部的員工並未遭起訴，但銀行的名字卻一再出現在起訴書裡。

這起醜聞的焦點是一棟位於倫敦斯隆大道六十號的高價房產：知名高檔百貨公司哈洛德的舊倉庫，高級豪宅建案的預定地。二〇一四年，教廷國務院以數億歐元買進豪華切爾西區的房地產股份。各家媒體報導的金額都不同，多數觀察家估計是三億五千萬元。根據起訴書內容，資金多半都來自彼得獻金，簽署同意書的人是貝丘。原先的想法是買下倉庫舊址改建成住宅之後，可以用高價出售豪華的公寓，包括梵蒂岡國務院在內的投資者可以獲得巨額的利潤。梵蒂岡可能將此事視為當務之急，因為教廷戶頭內的資金逐年遞減，二〇一九年已出現赤字，而且每況愈下。樞機主教們在房地產方面頗具經驗：教廷擁有超過五千筆的不動產，絕大多數都在義大利，據說總市值應有十五億歐元。

單純從財務的觀點來看，這筆在倫敦的交易或許是不錯的想法。但即便這筆交易看似成功，卻還是有一絲的不對勁：蓋房子給有錢人居住來增加用於慈善捐款的收入？而且在世界上炒房最嚴重的市場之一？想要無視外界對這件事的批評，還必須矇著眼睛才行。

二〇一八年，這筆投資宣告失敗，因為要用做慈善捐款的資金沒有增加，反倒是付給信口雌黃的開發商和顧問的酬勞和費用變多了。此外，據傳買下這棟建築成本太高，而且完全忽略了高達七千五百萬英鎊的抵押貸款。

偏偏這筆生意從頭到尾是經由一個眾所皆知會助長貧困而不是抑止其惡化的逃稅天堂完成。歐洲逃稅天堂馬爾他，「雅典娜資本環球機會基金」（Athena Capital Global Opportunities Fund）的所在地。梵蒂岡在這家基金公司買下英國的房產之前，就把錢交到了這裡。不僅如此，梵蒂岡還貸款，當然是向瑞士信貸借錢。基金經理人收取高額的手續費並從交易中再賺一筆。一陣子之後，教廷發現房產的價值低於預期，為了獲得多數的股權並且推動建案成功，他們於是趁低價買進更多股份。

投資人兼前高盛集團銀行家拉斐爾・明喬內（Raffaele Mincione）靠著出售股份賺進四千萬歐元，也是透過如同盧森堡等避稅天堂裡的公司。教廷裡的樞機主教們顯然對投資一竅不通，收購股份之後，遲遲未握有參與房產相關重大決策的投票權，因為這些投票權與另一位義大利投資人握有的股份有關。該名投資人和明喬內接洽多次，而且經常觸及司法紅線。根據梵蒂岡法院起訴書的內容，該名義大利投資人在這次交易應該多進帳了一千五百萬歐元，除了貝丘以外，他也是訴訟案件裡的被告。因為幾名參與這件投資案的人士涉嫌共謀陷梵蒂岡於不利。明喬內的投資公司發表聲明，一開始並不知道梵蒂岡參與投資，是由瑞士信貸做為投資人參與房地產基金的交易。在這段期間才與國務院的代表接觸。梵蒂岡要為倫敦房產貶值負責，是他們讓建築許可證明過期失效。被凍結的帳戶對他們來說只是無關痛癢的「新鮮事」，而且沒有人知道彼得獻金的使用方式。

當初是由一名義大利男子恩里科．克拉索（Enrico Crasso）替貝丘介紹這筆生意，如今他也是其中一名被告。貝丘原本打算在貪污聞名的安哥拉投資鑽油產業，他曾在當地出任教廷大使。克拉索評估了這筆投資後勸退了貝丘，然後發現了倫敦的房地產。當時在瑞士信貸工作的他，目前在瑞士盧加諾（Lugano）從事私人投資工作。他沒有回應我們的任何提問，並交由他的律師處理。

毫不意外，我們在資料裡發現貝丘被授權使用二〇〇〇年就設立的梵蒂岡國務院帳戶，帳戶存款最高紀錄是在二〇一四年，裡面曾超過兩億歐元。貝丘透過他的律師表示，這是梵蒂岡國務院的帳戶和他個人資金無關，在他接任國務院的職位之前，帳戶就已經存在多時了。梵蒂岡或是瑞士信貸都沒有對此發表意見；這也表示，教廷國務院在倫敦投資失敗之後仍然有錢。近年來，像努齊這樣熟悉梵蒂岡的記者一再預測教廷即將破產。

貝丘不只因投資倫敦房產而遭指控，起訴內容顯示，他侵占高達六位數的教會財產並轉給他的親兄弟。義大利新聞雜誌《快訊》（*L'Espresso*）曾報導，貝丘讓另一名從事木工的兄弟承包教會的整修工作。對此，他本人則向義大利記者表示，自己不知道能找誰接下這份工作。他的律師轉述他的意見，「我從來沒有用梵蒂岡的財產進行不正當的捐贈，並以此圖利我的家人或其他人」，「捐贈都是按照相關規定和法規」，基於地方主教的要求才動用這些錢，「當地的青少年和弱勢的居民才是受益者」。受捐贈的對象包括一家麵包店、一家酒廠、一家披薩店和一間提供農村居民就業機會的建築公司。

總而言之，瑞士的銀行家不可能漠視和教廷的交易存在著一定的風險。對梵蒂岡瞭若指掌的記者菲蒂帕爾蒂說：「瑞士信貸長期與梵蒂岡合作，並從國務院投入的資金裡賺取了數千萬的佣金。對我來說，奇怪的不是瑞士信貸沒有剔除這個客戶，而是銀行內部沒有任何一個人受到梵蒂岡法官的訊問。」

德籍教宗本篤十六世的歷史性退位也和他一再無法整頓教廷的財務有關。在倫敦投資慘敗之前，這個問題早就浮上台面。本篤十六世的努力展現在他二〇一〇年成立了梵蒂岡官方的金融監管機構，金融資訊管理局（Autorità di Informazione Finanziaria, AIF）[20]。和全球許多國家一樣，做為「國家金融情報中心」必須監測金融交易和受理洗錢回報。

二〇一二年，梵蒂岡聘請了一位經驗豐富的金融專家，他先前在逃稅天堂列支敦斯登擔任調查金融交易的國家金融情報中心負責人，該國也極力想洗去黑錢天堂的污名。在他的努力之下，達成了部分的成效。

然後，教宗本篤十六世在二〇一三年突然辭職，樞機主教在教宗選舉祕密會議上選出資本主義批評者、阿根廷籍的喬治．馬里奧．伯格里奧（Jorge Mario Bergoglio）做為繼任的教宗。伯格里奧就是教宗方濟各，「窮人的教宗」，他上任之後馬上提出問題：「梵蒂岡需要一家銀行嗎？」畢竟，聖者彼得也沒有銀行帳戶。不久之後，他就成立了一個研究這個問題的委員會。

梵蒂岡銀行內的所有帳戶交由外部的顧問公司一一過濾，並終止與上千名銀行客戶的合約關係。有了這些改革措施為前提，教宗方濟各最後確認，銀行繼續存在有其必要。

然而，好景不長。

二〇一九年期間，金融資訊管理局與教廷國務院之間的關係形成對立。金融資訊管理局的任務本來就只負責監管梵蒂岡銀行，而非國務院的財務狀況。然而，根據《新蘇黎世報》的報導，為了釐清倫敦投資案帶來的混亂局面，國務院的員工找上了管理局的負責人尋求協助。

二〇一九年十月，梵蒂岡司法部無預警搜查管理局和國務院的辦公室，並且勒令雙邊的多名員工停職。在當時，這不過是調查的序幕，如今已經進行到對貝丘提起大規模的訴訟，連同前任管理局局長也在起訴名單內。

20. AIF更名為L'Autorità di Supervisione e Informazione Finanziaria, ASIF。

一本多達四百八十八頁厚實的起訴書就躺在我們面前，我們在起訴書影本裡找尋貝丘能動用的帳戶號碼，果真有所斬獲。

像是一份記錄了二〇一八和二〇一九年九筆支出的清單，當中的費用就從這個帳戶匯入一家斯洛維尼亞的公司，總計五十七萬五千歐元，用途都一樣：「支付人道救援款項」。調查這家位於斯洛維尼亞的公司之後，檢察官確認該公司「沒有參與任何人道救援活動」。反倒是公司的老闆，一名三十九歲的義大利女性，和貝丘同樣來自撒丁島，她把所有錢的都用來購物。隨後，她在接受電視採訪時坦承，自己把從梵蒂岡得來的意外之財都拿來買奢侈品。

義大利媒體臆測這名女子與貝丘之間的關係，但遭雙方否認。她目前也在起訴名單上。梵蒂岡檢察官回應，他們是根據斯洛維尼亞警方的線索才注意到瑞士信貸帳戶的交易，因此才提起上訴。這些交易是用來指證貝丘盜用公款的證據。比起梵蒂岡和瑞士，斯洛維尼亞的金融業監管局確實在這件事上發揮了功用。起訴書提到，瑞士信貸執行了梵蒂岡的指示，向銀行究責的部分正由法院審理中。我們手中的洩密資料加上起訴書表明得很清楚：瑞士信貸蹚了這場渾水。在梵蒂岡檢察官起訴之後，瑞士信貸不得不凍結幾個被告的帳戶。儘管如此，卻不包括被樞機主教貝丘挪用資金的國務院帳戶在內。梵蒂岡檢察官必須要凍結梵蒂岡的帳戶才對，但這麼做顯然會太過分。

教宗方濟各在此期間公開承認教廷內部的貪污事件。他對記者表示：「有人似乎做了違法的事。」並且替利用彼得獻金進行投資的獲利辯駁。教宗表示，一旦收入增加了，自然就能幫助更多貧窮的人。然而，這番說辭似乎無法說服信眾，去年已出現呼籲抵制年度捐獻的聲浪。

貪污醜聞曝光之後，教宗方濟各在二〇二〇年十一月撤回了國務院的財政主導權，往後交由「宗座財產管理局」（Amministrazione del Patrimonio della Sede Apostolica, APSA）負責。

偏偏是這個單位。因為宗座財產管理局曾寫下另一章充滿醜聞的梵蒂岡黑歷史。就在幾年前，一位在宗座財產管理局工作長達幾十年的神父才向義大利警方吐實。根據《明鏡週刊》的報導，這位因為偏愛五百歐元紙鈔而被暱稱為「唐五百」的男子坦承，宗座財產管理局被用來從事「實際上完全不正當的交易」。幾名樞機主教、宗座財產管理局的經理和其友人擁有宗座管理局的數字帳戶，正因為它是梵蒂岡的中央銀行，而被用來當成某種地下銀行。特定人士可以透過這些祕密帳戶，輕易地轉移來路不明的資金。因此這些人的名字不會出現在國際匯款記錄上，只會顯示在宗座財產管理局這一端。

我們也在資料中發現，多年來宗座財產管理局一直持有至少兩個瑞士信貸的帳戶。被問及此事時，聖座新聞室證實了帳戶的存在，並表示這個帳戶是在一九三〇年簽訂拉特朗條約之後所設立，「該帳戶用來審慎管理聖座的資產」，最初的資金來源是義大利政府給的賠償金，還有「教廷財務活動和宗座財產管理局的財產收益，以及來自各方的捐贈」。在宗座財產管理局祕密帳戶醜聞被揭發後的一年，戶頭裡仍有超過六千六百萬瑞郎。

第18章　數不盡的爛蘋果

在我們調查的期間，從一位美國消息人士那裡得知美國參議院再次調查瑞士信貸。距離二〇一四年毀滅性的調查結果發布後才過了幾年而已。當時瑞士信貸不得不為此道歉，事件才暫時告一段落。

然而，美國參議院裡深具影響力的財政委員會，如今又針對這家瑞士銀行展開新一波的調查。民主黨議員羅恩．懷登（Ron Wyden）要求檢調人員對瑞士信貸涉嫌違反承諾進行調查。

二〇一四年，當時的瑞士信貸執行長布雷迪．杜根（Brady Dougan）（一年後即卸任）信誓旦旦地承諾，未來任何「與美國有關係」的銀行客戶，都必須證明他們遵守美國的稅法，這是成為銀行客戶的條件。杜根甚至再次重申這項承諾，內容略微不同：沒錯，瑞士的銀行只能管理證明符合美國稅法的美國客戶的資產。然後，重覆第三次時，他又稍微換了說法：「所有流程和其他事項都必須百分之百符合美國稅法。」

聽起來是一項重大的承諾，雖經過多次修改，顯然沒有任何漏洞。然而，銀行是否真的遵守承諾也著實讓人懷疑。

因為，一名銀行的前員工（曾在瑞士信貸的以色列辦公區工作，也就是負責以色列客戶的部門）聲稱：銀行持續與可疑的美國客戶來往。同年，就在杜根向美國參議院拍胸脯保證時，這名銀行員工向美國司法部的稅務部檢舉：一名擁有美國和以色列雙重國籍的退休經濟學教授丹恩．霍斯基（Dan Horsky）向稅務機關隱瞞他的財產，兩億美元的資金就存放在瑞士信貸的帳戶裡。

美國檢調人員追查了這個案件，並且確實掌握到事證。退休的經濟學教授隨後不久坦承自己在瑞士信貸的協助之下欺騙了美國政府。他被判七個月有期徒刑，必須繳交逾一億美元的欠稅和罰款。

然而，這起事件還有後續發展，因為該名銀行內部的吹哨者表示，霍斯基不是個案。

二〇二一年二月，這名前銀行員工在維吉尼亞州遞交訴狀，依據美國特有且俗稱「虛假申報法」（False Claims Act）所提起的訴訟程序：根據虛假申報法規定，假如有一家企業欺騙美國政府，像是參議院，公民可以用美國政府的名義提告。一旦該企業確實被定罪，檢舉人可獲得最高百分之三十的罰款為報酬。銀行員工在本案中聲稱，瑞士信貸在二〇一四年所繳的罰款還不夠多，因為罰款是按照瑞士信貸提供的美國客戶不法帳戶來計算。然而，這筆金額並不正確。法院的文件中提到：在某些情況裡，藏匿資金至今仍持續進行。

從熟悉此案，並在保密情況下和我們交談的人士口中得知，已有多名瑞士信貸的行員接受偵訊，瑞士信貸的南美洲部門更是調查的重點。調查人員懷疑，具有雙重甚至多重國籍的南美洲客戶，他們持有美國政府核發的護照卻沒有被視為是美國公民，未報稅的數百萬美元財產如今才曝光。（瑞士信貸對此沒有做出評論）我們從一名消息人士那裡聽到，瑞士信貸面對美國檢調人員時談到幾名的「流氓行員」，也就是某些所謂的「心術不正的行員」。

當前案件的提告人，也就是前銀行行員的真實身分不明。在法院的資料裡，他被稱做「無名氏」[21]。起訴書裡載明，採用化名的理由是顧忌瑞士的銀行保密法：「一旦提告人的身分被公開，根據瑞士銀行客戶保密條款以及瑞士的刑法，提告人將可能面臨刑責。」

21. 在某些訴訟案件中，為保護當事人真實身分會採用特定虛構的人名，像是John Doe或是德文的Max Mustermann。

我們在法院檔案裡找到提告人的委任律師杰弗瑞．內曼（Jeffrey Neiman），他和瑞士的銀行有過交手的經驗，並曾代表美國司法部對瑞銀集團採取法律行動，目前任職於邁阿密的一間律師事務所。這起瑞士信貸吹哨者的訴訟案是他目前經手過最大的案件。

我們不禁想問：他的委託人會不會有可能就是我們的消息來源麻痺債務人？

可惜我們一直沒有麻痺債務人的消息。自從我們在推特發文以來，已經過了好幾個禮拜，卻沒有人回覆。雖然有出於好奇心的詢問，但那是追蹤我們帳號的讀者。沒有任何跡象顯示，他們其中一人就是麻痺債務人。

因此，我們寫信給這位美國律師，跟他描述了我們調查巴拿馬文件的經過，並附上《紐約時報》報導吹哨者如何和我們聯繫的文章。接著表示我們真正的來意：我們想要聯繫他的委託人。

內曼馬上就回覆了：「我們這週見個面吧，這樣才知道怎麼幫助你們。」交談時間不長，卻著實幫了我們一把。事實證明，內曼不僅代表一位，而是代表很多位瑞士信貸的吹哨者。這些人可能是銀行員工，想揭發他們在銀行發現的不法情事。這些消息對我們來說很重要，因為銀行裡可能還潛藏著新的未爆彈。

內曼不願意公開透露他代表多少人對抗瑞士信貸。他同意詢問他的幾名委託人，是否曾經和《南德日報》聯繫甚至提供資訊，或者有意和我們談一談。

我們試著在這段期間挖掘出更多的消息，致電給議員的工作人員，和對於美國參議院動向瞭若指掌的消息人士交談。很快就得到了答案：瑞士信貸吹哨者無名氏提起的訴訟案引起了財政委員會主席、隸屬民主黨的懷登的注意。假如二〇一四年之後，瑞士信貸還是協助美國客戶逃稅，這就表示銀行沒有遵守和美國司法部的協議。果真如此，除了原先估計的數十億美元，瑞士信貸可能要額外再支付數億美元。

我們還得知，據說財政委員會主席懷登直接寫給時任瑞士信貸的執行長戈特斯坦。二〇二一年年底，瑞士信貸的律師團的確也和參議院的調查人員碰面並進行會談。銀行一概不回應這方面的問題。

幾個星期以後，我們又一次和內曼視訊。德國這一頭已經下雪，在邁阿密的內曼穿著短袖坐在鏡頭前，他身後的洗碗機吱吱作響。他表示這段期間問過幾名委託人；他們之中沒有人曾寄資料給我們，目前也沒有人想和我們談話。

既然如此，麻痺債務人一定另有其人，或者他或她也不想向內曼透露身分。

我們提到瑞士信貸喜歡聲稱當前的問題根源都是「心術不正」的銀行行員所致。內曼笑著回問：「要有幾名這種『心術不正』的員工才能組成一家心懷不軌的銀行？」

其實這個問題不容小覷。每個單位裡難免會有幾個「心術不正」的員工行為不端正，破壞規定和不接受管制，這樣的情況不僅發生在瑞士信貸，也出現在美國軍隊或是天主教會。然而，如果在組織內部形成不懲罰過失的機制，甚至放任，在某些情況下還獎勵這樣的行為，這些單位就必須負起責任。幾十年來，天主教會未能懲處和開除犯下性虐待罪行的神父，讓受害者承擔著可怕的後果。在伊拉克戰爭期間，美軍高層下令動用私刑，塑造出部隊的自我形象，就像容忍在阿布格萊布（Abu Ghraib）監獄所發生的虐囚暴力事件，並掩蓋了質疑聲浪。

教會的性虐待醜聞和阿布格萊布監獄虐囚事件曝光時，兩邊單位出乎意料地以相同的方式為自己辯護：他們強調都是某些人濫用了各自單位的信任。監獄虐囚事件之後，美國小布希總統提到要為這些錯事負責的是「幾顆爛蘋果」；無獨有偶，美國紐約教區也把教會裡的嫌犯們描述為「一群爛蘋果」[22]。

如同我們的消息人士所轉述的，在這件事情上，瑞士信貸的辯護說詞（都是因為一些「心術不正」的員工）延續了這種傳統。

背後的邏輯很簡單。如果只是少數幾名「心術不正」的人，就沒有理由質疑機構本身。因此最終要問：瑞士信貸內部的做法又是如何？銀行設法將二十幾年前幾乎是稀鬆平常的事（協助外國公民逃稅）在內部貼上不受歡迎的標籤？並藉此讓他們的顧問明白這是不該容忍的行為？還是，當有某些人或一群人都不改做法時，明明有疑慮還是睜一隻眼閉一隻眼？

我們的資料顯示，即使到了本世紀的第二個十年，瑞士信貸也無法阻止過往類似的事件不再重演。

在美國的最新幾起弊案或許證明了瑞士信貸的違法問題持續到現在。內曼和我們交談時表示，他對瑞士信貸已經痛改前非抱持懷疑。到目前為止，銀行對自己坦承「犯罪」的行為沒有感到「一絲的痛楚」，只要金融監管單位沒有「澈底追究」瑞士信貸的責任，它就會繼續為所欲為。

在一次又一次創新高的罰款紀錄之後，瑞士信貸、德意志銀行和其他金融業大公司都必須支付數億元的罰金。究竟什麼程度的懲罰才能讓這些金融機構改變想法？

對此，內曼提出一個簡單的答案。「一定要在一個更強大的法律體制內吊銷銀行執照，才能讓銀行知道：我們是認真的。」否則，他認為罰款對銀行來說只不過是營運的成本罷了。

22. 爛蘋果用來比喻在群體裡給他人添麻煩、製造困擾的成員。

而且，只要失去在美國的營業執照就能讓一家國際性的銀行痛不欲生。

不過，就算是調查人員或像內曼一樣的律師的工作地點在美國，仍會受到瑞士銀行保密條款的阻撓。根據報導，每個吹哨者都要冒著會被起訴的風險，這也是他們多半都會匿名的原因。「這項法律把提供能揭發貪污重大訊息的人妖魔化，」內曼說：「當今世上，沒有比這種更落伍的規定了。」

內曼因為個人志趣才會擔任吹哨者的律師。他想替委託人爭取到最好的條件（或是最多的，畢竟事關金錢），而他也希望引起眾人的注意。他警告不要壓迫吹哨者：「這些人完全被消音，嘴巴被封上了膠布，被打壓到底。」甚至被粗暴地威脅：「如果你開口的話，我們就讓你吃牢飯。」鼓勵吹哨者在內部反應違法事件對銀行本身有利，更要有支持和鼓勵這種行為的想法。然而現實情況卻恰好相反，只要這種情況一日不改，就會誘使銀行繼續服務這些問題客戶。

我們迫不及待想知道，內曼手中案件的進展，吹哨者最後是否會決定在眾目睽睽之下陳述他們的指控。我們已經做好準備了。和內曼說好保持聯絡之後，我們就掛斷了電話。

現在我們已經清楚一件事：二〇一四年之後銀行裡是否還有逃稅的美國客戶，對瑞士信貸而言是一個關鍵的問題。因為，如果銀行確實持續協助美國客戶逃稅的事情曝光了，除了支付高額的罰款之外，還要面臨被吊銷美國的營業執照。內曼不是唯一一個這麼評估的人，我們也從美國參議院聽到同樣的消息。因此，我們決定再次調閱麻痺債務人提供的資料。事實上，我們在資料裡發現，一百多名美國人在二〇一四年之後仍擁有帳戶。人數不算少。更因為我們從不同的消息管道得知，對於像是經濟學教授霍斯基這樣擁有雙重國籍的人，瑞士信貸不一定會把美國公民的身分註記在系統裡。

因此，我們仔細看了一下「手中的美國人」。根據資料顯示，他們之中沒有一個人居住在美國，而是在中國、肯亞、菲律賓、泰國、烏克蘭或埃及。但是，我們在美國國家稅務局的網頁上讀到：「無論您是美國公民或是設籍在美國而旅居國外的人士，不管您住在哪裡，您在全球的收入都算在美國所得稅內。」

照這麼說，我們資料中所有的美國公民都要繳稅。可惜的是，我們無法從資料上得知他們是否有申報帳戶內的資金。基本上，美國國家稅務局不會對記者透露有關這類事件的訊息。

我們有許多的疑問想要請教麻痺債務人，但始終無法與他取得聯繫。隨著要和瑞士信貸對質的日子越來越近，我們緊張的情緒也不斷升高。我們想像寫信給瑞士信貸之後，銀行內部開始瘋狂尋找洩密的人，而我們的消息來源渾然不知自己成為搜尋的目標，想到這裡就讓人坐立難安。

因此，我們決定在推特上再試一次：「（透過安全投遞）傳送某家歐洲金融機構涉及重大公共利益資訊給我們的人：請您檢查信箱，謝謝，請保重。」

這則貼文在二十四小時內就得到了約三千個讚，但仍不見痲痺債務人的蹤跡。

第19章 制度裡的漏洞

每回調查報導過程中都要玩一個沒有人想玩，卻又不能不玩的遊戲，遊戲的名字叫做「扮演敵人」。

遊戲規則是：拉出每一條貌似鬆散的故事線，看看裡面是否藏著什麼會成為故事弱點的環節。尋找調查內容的反證、不足之處和解釋不清的地方，找到一個合理的反敘事設定，質疑每個假設、每個邏輯結論、每個來源和每筆文件。

這個遊戲背後的思維是：如果我們不這麼做，別人也會這麼做，接著可能會有出其不意的驚喜等著我們。甚至，在最糟的情況下，這個驚喜揭發了我們原本有可能或必須發現的重大錯誤。

我們所設定的反敘事是這樣的：所有的調查內容都是為了譁眾取寵，是用來攻擊瑞士的過時偏見；瑞士信貸早就是煥然一新的銀行，缺點消失了，其他規定實行多時，銀行也遵守承諾。這個敘述有趣之處在於，有一部分的內容是吻合的，只是光從字面上難以確認是哪個部分。因為，銀行系統性地、積極地協助逃稅的確已成為過去，也已加大追查洗錢的力度，稅務訊息自動交換的機制無疑也加重了特定國家公民（包括德國）逃稅的困難度。正好，從前一窩蜂把錢存到瑞士的德國人，在過去幾年裡也紛紛自首了。簡單來說，大家會批評：你們記者端出的報導不過是在炒冷飯，都不是什麼新鮮事了。

我們會利用調查的結果來證明。

我們將會指出，許下每個承諾時都要先考慮清楚。經驗告訴我們，至少面對大型銀行的重大承諾時，千萬不可以掉以輕心。瑞士信貸起碼從十年前開始就聲明，他們不會再接受罪犯的金流。然而，直到近幾年，坦承行賄遭判刑的西門子經理塞德卻存了數百萬元並且還保有帳戶。瑞士信貸也一再強調環保的重要性，卻允許讓一家被判嚴重污染環境罪名的公司開戶。在銀行方針指南中，用一整個章節的版面討論社會責任。但是多年下來，獨裁統治者和他們的家人、情報局長和私刑將軍、可疑的黑手黨和其他罪犯依然可以把數百萬資金藏在瑞士信貸的帳戶內。

在過去幾年裡，批評瑞士銀行的聲音出現時總會聽到類似的反駁：那都是陳年往事了，現在都已經改善，瑞士推行「白錢策略」[23]，也加入了稅務用途資訊自動交換機制。一切都很完美，沒什麼好挑剔的，不必再關注我們了。

事實上，到目前為止幾乎沒有人反駁這一點。所有公開的醜聞都是零星個案，問題出在擁有帳戶的幾個人和他們的（幾名）顧問身上。然而，我們是首先握有大量瑞士信貸客戶資料的記者，內容不只涉及幾十名或幾百名客戶，而是上千名。我們眼前資料裡，占三分之二以上的戶頭都是二〇〇〇年以後才開立。越是深入調查每個帳戶，我們更加確定，瑞士信貸根本就把獲利置於社會責任之上。否則，無從解釋眾多可疑、甚至是犯罪客戶的案件。

就像我們在資料中發現一位名叫拉諾・拉馬托娃（Rano Ramatova）的女士。二〇一〇年到二〇一五年期間，她在瑞士信貸裡有一個公司的帳戶。銀行註記拉馬托娃是烏茲別克公民，也在當地生活。我們在資料裡無法得知：瑞士信貸是否知情拉馬托娃的身分，她是當時烏茲別克鐵路公司董事長阿奇拜・拉馬托夫（Achilbai Ramatov）的妻子。

23. 與黑錢相反，意指合法來源的資金。

在許多國家裡，國營鐵路建設是出了名的貪腐溫床，並且如同其他產業能獲得巨額的政府合約。鐵路建設上的預算總額通常高達八或九位數，對於位高權重的人而言，只需要收取一小部分比例的「佣金」，就足以成為童話故事裡的大富翁。八千萬歐元的百分之五就有四百萬歐元，百分之二．五就有兩百萬歐元。即便只有百分之一也有八十萬歐元，就能讓某個人致富，或許足以成為烏茲別克的首富。但對於獲得高價合約的建築公司來說，這筆數目微不足道。

其實大家都知道這個問題，因為專門從事法令遵循和防制洗錢的公司會替他們的客戶，例如銀行，進行風險評估，同時也歸納出一個具體的高風險族群：「國營企業高階主管」。這項定義來自重要的防制洗錢金融行動工作組織（Financial Action Task Force on Money Laundering, FATF），他們是打擊洗錢的國際領導委員會。國營企業高階主管也屬於之前曾經介紹過的重要政治性職務之人。在每一家銀行裡，都必須要針對所有重要政治性職務之人以及其親屬的帳戶安裝從遠處即可辨識的紅色警示燈，具體來說，銀行必須特別留意他們的帳戶。

如果這樣的人不是在德國鐵路公司或在瑞士聯邦鐵路局工作，而是在烏茲別克的國營鐵路公司時，更要多加注意。因為烏茲別克的貪腐情況十分氾濫，在國際透明組織針對全球一百七十個國家所做的貪腐指數排名裡，烏茲別克排名第一百四十六名，可說是全世界最貪腐的國家之一。

這些指標應該（起碼）自二十年前起成為各家銀行的作業標準，這幾乎是最基本的要求了。

現在有趣的地方是，我們同時也發現，不只是拉馬托娃，還有一名烏茲別克的商人也能動用在瑞士信貸裡的公司帳戶。而且，這名商人的公司是烏茲別克鐵路公司的最大承包商之一。這時，每個被委託洗錢的銀行行員、法令遵循部門的工作人員都應該打亮帳戶的紅色警示燈：拉馬托夫自二〇〇二年起主導國家鐵路的合約，因此他的太太和一名商人共同持有一個帳戶，而這名商人就從拉馬托夫所掌管的鐵路公司獲得利潤驚人的合約。這個帳戶裡有將近一百萬美元，按照烏茲別克的生活水準絕對不是小數目。根據德國國家對外貿易協會（Die deutsche staatliche Gesellschaft für Außenwirtschaft）的資料顯示，該國首都的人均收入每年約兩千美元，農村甚至只有五百美元。

很可惜，從我們的資料無法得知拉馬托娃公司帳戶裡的資金來源。政府的反貪腐調查人員肯定會十分仔細調查這一類的帳戶，確認是否存在利益衝突以及賄賂。但是，這就是關鍵，他們必須先找知道帳戶的存在。

此外，烏茲別克是尚未與瑞士簽署資訊自動交換協議的全球九十多個國家其中之一。歐盟、阿拉伯聯合大公國和英國都簽署了這項協議，就烏茲別克沒有。

另一個尚未和瑞士簽署資訊自動交換協議的國家是塔吉克。根據我們手中的文件顯示，來自這個中亞國家的科西姆・科西莫夫（Kosim Kosimov）二〇〇四年在瑞士開了一個帳戶，裡面的存款有時近五百萬歐元。在開戶當時，科西莫夫已經擔任國會議員多年，二〇〇八年成為農業部部長，但是自二〇〇二年起，塔吉克就禁止議員及部長在國外開戶。瑞士信貸其實不該接受他的開戶，因為瑞士銀行業在他們的行為守則當中明訂：「銀行不得主動協助立法限制國外投資的國家轉移資金。」科西莫夫本人應該預料會受到當地政府的調查，同樣的，塔吉克政府必須先知道帳戶的存在。

因此，需要有人洩漏祕密，像是這種祕密。

當我們寫到這段內容時，在塔吉克的鄰國哈薩克，一群示威遊行者被槍殺。連日來已有多起的抗議，起因是石油價格攀升，但人民生活在貪腐政權之下的不滿情緒助長了抗議活動。原先和平的抗議活動在短時間內演變成血腥的街頭鎮壓。獨裁總統卡西姆・若馬爾特・托卡葉夫（Kassym-Schomart Tokajew）下令軍隊可無預警向示威民眾開槍。

另一方面，托卡葉夫的前妻（無法取得聯繫向她求證）出現在我們的資料裡。根據瑞士信貸的資料顯示，她在一九九八年曾在瑞士信貸開戶，當時她尚未和托卡葉夫離婚，托卡葉夫則擔任哈薩克的外交部長。加上兩人當時才十多歲的兒子，她擁有超過一百五十萬的瑞郎。該帳戶直到二〇一一年才關閉。

哈薩克自二〇二二年一月一日起加入資訊自動交換資訊協議，但是長期獨裁者納扎爾巴耶夫（Nasarbajew）把持政權，他任職總統直到二〇一九年，之後以「國家領導人」身分在幕後操控。數十年以來，他在國際銀行的協助之下掠奪國家財產，導致人民認為唯有暴力才是對抗當權者的有效手段。暴力和死亡似乎就是數十年盜賊統治所導致的悲慘後果。

此外，獨裁者納扎爾巴耶夫在二〇一九年時無預警地卸任，並且將哈薩克的首都改為自己的名字努爾蘇丹。在他卸任之後，也確保了他和他的家人享有全面性的豁免權。二〇二二年一月，《新蘇黎世報》報導了納扎爾巴耶夫：「他打從一開始就把國家財產當作他個人的資產」，「尤其是他的家人獲得可以直接把手伸向國家財產的好處」。

根據我們的資料，他的女兒達莉佳，同樣是政治人物以及國營企業的管理人，不出人意料，她也是瑞士信貸的客戶！而且在二〇〇八至二〇一二年期間，這個家族早就被懷疑侵占國家的財產。根據法院的記錄顯示，幾年前達莉佳想收購一家瑞士的私人銀行，因此她出售了公司的股份，換得高達三億兩千五百萬美元的資金，然而銀行的收購卻失敗了。資訊自動交換的機制能否影響一個腐敗專制政權裡的總統家族，完全是另一個問題。

獨裁國家可能不是資訊自動交換機制最佳的測試地點，瑞士政府和銀行卻經常強調這套機制是打擊黑錢的有效制度。

然而仔細一看就會發現，這個機制裡存在著根本的錯誤。打從一開始，和瑞士簽訂此類協議的主要是富裕及強大的國家，貧窮和貪污的國家則不在名單內。專家指出，如今大多數的非法資金可能都從這些國家流入瑞士。讓人不得不注意的是：按照國內生產毛額來看，盧森堡、新加坡和愛爾蘭屬於全球富裕國家，他們都和瑞士簽署了資訊自動交換協議；反倒是全球最貧窮的國家蒲隆地、南蘇丹和中非共和國都不在協議名單上。根據國際透明組織的全球貪腐指數排名，貪腐情況最輕微的前三名國家紐西蘭、丹麥和芬蘭，都簽署了這項協議；敘利亞、南蘇丹和索馬利亞，這三個最貪腐的國家則不在簽署名單之中。

來自租稅正義聯盟的專家們因此抨擊瑞士的「斑馬策略」：和世界上最富裕、最強大的國家進行「白錢交易」，沒有簽署資訊自動交換協議的發展中國家的黑錢則繼續流向瑞士。瑞士歷史學家兼銀行專家古克斯說：和過去相比，這些沒有加入資訊自動交換的國家「完全沒變」。這也意味者，瑞士銀行業仍舊持續協助這些國家的有錢人，瞞著國家稅務單位隱藏財產。

在我們資料中，多達上千名銀行客戶都來自尚未簽署資訊自動交換協議的國家。如果這些客戶沒有主動公開他們的瑞士帳戶，他們國家的稅務單位根本無從得知這些消息。再加上，他們有什麼理由要這麼做呢？看起來，許多國家裡不誠實的納稅人並未打消在瑞士開戶的念頭。

外界無法檢驗資訊自動交換機制的有效性，瑞士政府也從未透露向哪個國家報告了多少的帳戶。只有一個加總後的數字：根據資料顯示，二〇二一年轉交了約三百三十萬筆瑞士帳戶資料。相較之下，光是二〇一四年，瑞士信貸就有兩百一十萬名客戶，還不包括兩百多家其他瑞士銀行的客戶。

然而，就算銀行客戶來自與瑞士交換資訊的國家，這個機制仍存在著漏洞。只有在瑞士的銀行必須交換資訊，而非所有國外分行都要主動配合。在一個未簽署資訊自動交換協議的國家，客戶在當地分行裡的資料也得以繼續保密下去，即使開戶人是德國人。或許這就能解釋，為什麼瑞士信貸喜歡大肆談論「近五十個國家裡的交易活動」，但被問及細節時，卻不願意透露具體的國家。

在我們拜訪瑞士寶盛集團內部吹哨者艾爾默時，他就曾要我們注意另一項漏洞：「這套機制只有對以自己名義開立的瑞士帳戶才有用。」因為，瑞士政府只會交換設籍在該國的開戶者資料，一旦是以一家公司、一間基金會或是設立在特定避稅天堂裡的信託公司為戶名，自動交換的機制就發揮不了作用。原因在於，像是英屬維京群島、巴哈馬或是開曼群島等避稅天堂，雖然瑞士都與他們簽定了協議，也在政府網站上用明顯的字體公告，但還是有小字的重要備註：這些是「非永久互惠的司法管轄區」。雖然這些國家提供資料給瑞士，但表明不希望收到來自瑞士的訊息。

資訊自動交換從字面上看起來很理想，在許多執行層面上卻效果不彰。麻痺債務人在初期和我們聯繫時就提到：「這種情況助長貪污，連帶剝奪了發展中國家必要的稅收。」我們希望能和他進一步討論這個問題還有一些其他事情，隨著公布調查結果的時間逼近，有太多需要討論的細節了。雖然麻痺債務人要求我們公開這些資訊，我們相信他或她會保護自己的安全。但是，在我們真的按下「發布」鍵之前，如果能再和他談一次，或許我們會感到更安心。

我們也時不時檢查安全投遞信箱，但還是沒有麻痺債務人的消息。我們認為他或她不太可能被逮捕，因為銀行吹哨者被抓或被解雇的消息應該會被報導出來。但我們不排除這個可能性。

然而，有件事轉移了我們的焦點：組織犯罪與貪腐舉報計畫的夥伴找到有個人在二〇二一年曾與瑞士信貸接洽開戶。這個人把所有和銀行的信件往來記錄都交給他們，讓我們難得能一探銀行最新的開戶條件。

從數字帳戶開始。銀行員工在郵件裡提到，數字帳戶當然還存在。收費表上寫著，數字帳戶每年估計要收取三千瑞郎的費用。但是，數字帳戶已漸漸被停用了，銀行的說法是「逐步淘汰」，因為數字帳戶所能提供的保護力逐年下降。儘管如此，這位頭銜「副總裁」的瑞士信貸員工向他保證，瑞士銀行客戶保密條款的效力還在。他還進一步說明：如果很在意保密條件的話，可以加上一些安全預防措施，像是寄發「匿名文件」取代帳戶明細：上面沒有戶名、帳號，看不出帳戶的所有人。

銀行可以頻繁公開談論社會責任以及表明拒絕犯罪資金進入銀行。當瑞士信貸員工發出這番回覆時，明顯就是為了掩蓋帳戶的可疑用途，他們讓人懷疑銀行聲明的真實性。

類似的話術也被用在銀行保險箱上，在瑞士稱作「儲物櫃」（就像起司鍋和精密手錶一樣），並且在《高盧英雄傳：瑞士篇》（*Asterix bei den Schweizern*，暫譯）一書中永垂不朽。瑞士信貸提供一立方公寸（約一公升牛奶盒）到一萬五千立方公寸大小的保險箱。最小的保險箱每年收費兩百元瑞郎，但已足夠存放一百萬歐元紙鈔。如果要存放寶石，自然要花更多的錢。根據位於瑞義邊境的前提契諾邦檢察官保羅．貝納斯科尼（Paolo Bernasconi）的說法，保險箱是狡猾的銀行家用來規避資訊自動交換機制的策略之一：「保險箱就是用來藏匿黃金和寶石，客戶在銀行人員的建議之下，利用存在銀行未報稅的現金購買這些貴重物品。」

在瑞士信貸較大型的分行裡幾乎都設有保險箱，確切的保險箱數量是祕密。據說，光是蘇黎世分行的地下保險庫就有十種不同大小，總計三千五百個保險箱。《新蘇黎世報》在二〇一八年就明確表示：「瑞士銀行客戶保密條款雖然已成為歷史，卻還活在銀行地下室深處的保險箱裡。」因為保險箱非屬銀行帳戶，不在資訊自動交換的規範內。只有銀行客戶才知道存放在裡面的東西，雖然要銀行員工和客戶的鑰匙才能開啟，但開啟的當下，銀行員工就會離開房間。瑞士信貸保證「利用不同的客戶空間達成絕對保密」，而且，即便可以，銀行也不能透露存放在保險箱裡的物品。一位內部員工告訴我們，銀行每隔幾週就會從外面檢測，看看保險箱裡是否存放具放射性的物質。只要不把腐爛的魚（曾經發生過）或是放射性物質（目前尚未發生）鎖在裡面，就不會有被發現的風險。

尾聲

嚴肅的時刻來臨了。每個調查報導的尾聲免不了要迎來對質的時候。讓被我們揭發的人或是公司得知我們發現的證據。這是身為新聞記者的責任，聆聽我們故事中的主角，向他們詢問：我們的懷疑正確嗎？你們想發表自己的看法嗎？一旦他們有回覆，我們會刊登在報導裡。要求公平公正，這就是德國的新聞法規。

我們和組織犯罪與貪腐舉報計畫的夥伴一起準備了上百封要給銀行客戶的信件。工作十分繁複，因為必須完整表述我們的問題：內容正確嗎？收件人能明白我們的英文嗎？有沒有不足之處？信件內容太長、太短或是含糊不清？在漫長的視訊會議中，我們一群人討論、調整、刪除再改寫。然後，還需要有效的電子郵件地址才能寄出我們的信，必要時就要使用

ＩＧ或臉書。我們五人團隊在歷經了數個小時的討論之後，寄出了所有的信件。

全球的夥伴也和我們做同樣的事。

收到我們直接提問或通常是嚴重質疑信件的人，鮮少會願意和我們交談。我們明白這一點，因此，在某些情況下，我們會先打電話，希望在透過媒體律師溝通之前和對方先交談。和對方通上電話這種方法偶爾會奏效，如果不行，我們對故事背後的人物也會留下比較好的印象。

就像西門子經理塞德，我們決定用電話聯繫他。我們找到了他的幾個電話號碼，其中一個就註冊在通訊軟體WhatsApp，經過查證，號碼也一再登入阿拉伯聯合大公國的電話線路。根據我們的資料，塞德一直以來在杜拜當地持有許多房產，因此，我們決定碰一碰運氣。

我們不是第一次使用這種通話方式，因此很清楚法律方面的條件限制。最重要的兩項規定：未經對方的同意，我們不能錄音；同時，我方需要有一名證人，這樣才確保之後能使用交談的內容。因此，我們三人坐在一個房間裡，加上北德廣播公司的同仁班尼迪克特・斯特倫茨（Benedikt Strunz），然後我們按下了塞德的電話號碼。

在我們面前的桌上放著談話大綱：一開始我們先介紹所有人，像是房間裡有哪些人，以及通話的人是誰。接著我們會詢問他的瑞士帳戶，特別是裡面有五千四百萬瑞郎的帳戶。這就是我們的計畫。

電話另一端接通了，聽到簡潔的一聲「哈囉？」我們表明自己是《南德日報》的記者，想和他談談有關他在瑞士的帳戶。傳來的男性聲音回答：「我沒有瑞士帳戶。」

我們又問：「特別是二〇〇六年夏天存了超過五千萬瑞郎的帳戶。」

這個男人再次回答：「我沒有瑞士帳戶。」

我們又再度解釋，那是瑞士信貸裡眾多帳戶裡的其中之一：「我們想和您談談那一個帳戶。裡面的錢從哪裡來？」但是，電話被掛斷了。

我們重播了一次，沒有接通；再試一次，這回還是沒人接。塞德這位「奈及利亞國王」不願意和我們談話。

我們改使用WhatsApp，因為我們也在上面找到他的號碼。我們寫訊息給塞德，表明想和他聊一聊我們在資料裡發現他和他的太太自八〇年代以來在瑞士擁有的帳戶，以及和西門子的關係。他願不願意撥個幾分鐘給我們？

幾分鐘之後，那則訊息旁邊顯示出兩個藍色的打勾記號，表示他讀取了我們的訊息。但塞德沒有回覆。於是，我們只好轉而回到標準作業程序，把分類好的問題寄到他和他太太的私人電子信箱。然後就像聯繫其他人一樣：只能等待。

我們寄出一封又一封郵件，從早到晚，發給一個又一個瑞士信貸的客戶。由於疫情和在家工作的緣故，這麼做導致一些荒謬的時刻：一邊對著家人喊著要開飯了，然後喃喃自語地說還要寫一封信給亞美尼亞總統。

當我們把所有的信件都寄出的那一刻，大約有一百個人知道我們調查過他們。他們之中的許多人將會聯繫能幫助他們的銀行顧問、律師和媒體發言人。因為只要在Google上搜尋我們，馬上就會發現我們之前做過的事，他們會看到巴拿馬文件、天堂文件、瑞士洩密案、盧森堡洩密案、潘朵拉文件或是飛馬計畫。

從其他的計畫之中我們已經清楚這些過程並且知道：現在，情況會變得很緊張，也很辛苦。一大群身價不菲的名牌律師和危機處理顧問會傾盡全力替他們的委託人獲取最佳條件：讓我們不要公開這些故事。不會每一個反應都講求實事求是，有些人會威脅提告，還會有一些攻防戰術。

其實，隔沒多久就有人找上門了。兩日後，亞美尼亞總統薩奇席恩透過私人的郵件回覆我們：他先寄來第一封信，隔了幾分鐘又有第二封。我們是透過總統辦公室向他詢問在資料裡發現的幾個帳戶。薩奇席恩告訴我們，這是他私人的事務，他代表國家出任外交大使之前就已經持有這些帳戶，因此他不需要申報。然而，二〇一三年他擔任駐倫敦大使，其中至少有一個帳戶直到二〇一六年都還在，這與薩奇席恩的說法不符。

然而在我們回覆他之前，新聞跑馬燈顯示出一條消息立即讓我們驚醒：薩奇席恩已經宣布辭職。

我們感到很意外。薩奇席恩辭職的理由是：「在我們國家最需要民族團結的艱難時期，總統府不該成為八卦和陰謀論的焦點。」

當下我們感到困惑。薩奇席恩寫了兩封電子郵件給我們（內容駁回所有指控），不到一小時之後就召告天下，他已經辭職？這一天是星期日，照道理說應該是他任內最筋疲力盡的一天，而他還有閒情逸致回答一個往往他都不予理會的問題？

同一時期，我們的亞美尼亞夥伴告訴我們他最新的調查結果，薩奇席恩祕密成為島國聖克里斯多福及尼維斯的公民。接著亞美尼亞的反貪腐委員會也知會我們，他們已經對薩奇席恩的財務進行調查。

在我們弄清楚亞美尼美發生什麼事情之前，我們已經先讀到下一條有趣消息：瑞士信貸向其股東發出獲利預警的消息。在二〇二一年的最後三個月，瑞士信貸面臨高達十六億瑞郎的意外虧損，此外，銀行必須預留五億瑞郎用於法律糾紛案件。

有好長一段時間，我們整個國際團隊都籠罩在緊張的氣氛之中。我們花了幾個月調查，埋首於資料之中，馬不停蹄地在視訊會議上討論；我們到訪瑞士和其他國家，確認每一個事實，規劃文章和寫書；我們也一再和律師們研究題材並且模擬所有的條件，之後剩下的就是調查的重點，也就是現在我們現在做的事。在銀行客戶收到我們郵件後的幾天，接著就輪到瑞士信貸了。在我們和組織犯罪與貪腐舉報計畫夥伴共同研擬給銀行的信件裡，我們把所有的懷疑一共匯整成超過兩百個詳盡的問題，也就是關於瑞士信貸幾十年來允許獨裁者、詐欺犯、貪污官員和其他罪犯開戶。

我們在二〇二二年一月二十八日晚上寄出信件時，情況已經很清楚：現在已經沒有回頭路了。我們當然還是可以決定不要發布內容；在極度懷疑的情況下，我們把這個選項保留到最後一秒。當身處瑞士的某個人點開我們信件的那一刻起，我們接獲銀行客戶內部資料的事就不再是祕密了。

但有一點能確定：對瑞士信貸而言，我們的問題來的不是時候。雖然美國維吉尼亞州的法官對律師內曼代表瑞士信貸吹哨者一案做出了裁決——駁回訴訟，但原因令人振奮。「原告的案件可能會妨礙和瑞士信貸正在識別和處置美國公民現有銀行帳戶的討論。」聽起來應該是司法調查已經在進行中，與我們從美國參議院聽到的消息一致。二〇二一年十月，美國司法部副部長麗莎．摩納可（Lisa Monaco）提出警告，美國政府現在將對屢次觸法的公司採取更嚴厲的對策。這聽起來像是一種警告。

與此同時，內曼轉達他的其中一位客戶的簡短聲明給我們。內容提到，銀行如何用客戶經理管理的資金衡量他們的業績。每失去一個客戶，資金也跟著流失，業績也會減少。因此，管理部門形成了一種「鼓勵管理未經申報和可疑資金的風氣」。因此產生了兩條黃金法則，第一：「絕對不要寫下任何可能指出帳戶不符規定的內容」，其次：「你不想知道答案的問題就千萬不要問。」

二〇二二年一月中旬，瑞士信貸的董事長安東尼奧・霍塔—奧索里奧（António Horta-Osório）也辭職了。他才剛於二〇二一年春天當選，現在他不得不下台。原因是：這位擁有葡萄牙和英國雙重國籍人士不遵守防疫規定，提前中斷隔離。霍塔—奧索里奧解釋他是「不小心」違反規定。然而後來大家才知道，原來他之前曾申請免除隔離但沒有成功。新聞通訊社《路透社》最後揭露，霍塔—奧索里奧再次無視防疫規定，就為了搭乘公司飛機前往溫布頓網球賽，可想而知銀行形象因此受損。當全體社會透過限制個人和集體自由來對抗大流行疾病時，瑞士信貸的負責人卻搭乘公司飛機，漠視社會大眾正面臨的問題。在此之前，他還曾要求下屬「培養個人責任」。

在他辭職的幾分鐘後，霍塔—奧索里奧發表的聲明流傳在我們和其他調查團隊夥伴的加密聊天室裡：「我個人的一些行為造成銀行的困擾，影響了我對內和對外所代表的專業能力，對此我深感遺憾。」他寫道：「因此，我認為，我在這個時間點辭職符合銀行和其股東的利益。」

銀行的壞消息一波接著一波。在我們寄給銀行兩百多個問題之後的週末，有一個故事在國際間被報導出來：一場進行中的審判，瑞士信貸首度以公司身分被起訴，不再像多數的案件中，只有幾名銀行員工遭起訴；起訴內容與銀行涉嫌協助毒販洗錢有關，金額高達五千五百萬瑞郎。保加利亞販毒黑手黨的成員在二〇〇四至二〇〇七年間把錢存進了瑞士信貸。根據起訴內容，黑手黨帶了四千三百萬現鈔至銀行，其中一些是舊鈔、分散的鈔票，甚至還有假鈔夾雜其中。這是一個明顯的警訊。瑞士TA媒體集團的同仁報導，一共有八十四個帳戶和八個保險箱都是掛在離岸公司的名下。

當我們讀到從起訴書裡摘錄的文字時，不禁嘖嘖稱奇。據說一名同樣被起訴的瑞士信貸員工注意到黑手黨的五十萬歐元現金存款：「該名客戶從德國和他的家鄉把錢領出來，把現金帶到銀行，因為不想留下任何痕跡。」又是一個警訊。但這回好一點：這名主嫌有一位幫兇，應該也是瑞士信貸的客戶。在幫派內部發生爭執之後，他在索非亞街頭被槍殺。幫派老大仍舊是瑞士信貸的客戶，並在謀殺案發生不久之後得到數百萬元的貸款。即使保加利亞司法部向瑞士提出司法互助的請求，聯邦刑事檢察院也向瑞士信貸提取這群人的帳戶資料，黑手黨仍然能夠讓兩千一百萬元從瑞士消失。

瑞士聯邦刑事檢察院控訴瑞士信貸在防制洗錢方面有嚴重的管理缺失。這讓人想起瑞士金融市場監管局在二〇一八年針對其他三個案件所做的總結：「銀行沒有遵守把關的義務」是「一個全面性的問題」，進而「嚴重」影響銀行打擊洗錢的決心。或者瑞士金融市場監管局在二〇一三年得到的結論，截至二〇一〇年，銀行多次未履行防制洗錢活動的義務。

銀行否認這些指控，並表示那都是「陳年往事」了。調查人員顯然並不這麼認為，十五年後，他們將此案告上法庭，並要求銀行支付四千兩百萬的瑞郎。

針對這些案件的根本問題，英國政治學者沙曼在他的著作《暴君財富管理指南》（*The Despot's Guide to Wealth Management*，暫譯）做了貼切的描述：「瑞士銀行獎勵員工的方式和其他國家的相似：銀行的生意越好，個人的報酬也會跟著增加。私人銀行的客戶經理會因為額外的客戶而獲得獎金，但卻不會因為嚴格執行『客戶身分盡職調查』而收到分紅」，因此銀行和不法資金的往來才會持續下去。

時值二〇二二年一月，我們突然接到一通來自瑞士的電話。一名公關專家在線上。他是一名媒體顧問，他賺錢的門路就是替他的客戶排除不受歡迎的報導。我們曾經和他交手過一次，因為他之前替發生巴拿馬文件醜聞的律師事務所莫薩克・馮賽卡裡的其中一位老闆工作。這回他為了別的事情而來：替已故埃及獨裁者穆巴拉克的兒子賈邁爾服務。我們原本也要寫信給賈邁爾。當下我們立刻知道，這位擅長交涉的專家想打聽我們究竟掌握了什麼線索。是否又是一起調查報導事件？他的客戶是否也牽涉其中？最重要的是：是否有任何祕密曝光了？雖然這名男子也想追問我們許多問題，最後他還是透露了一條重要的訊息：賈邁爾至今最少仍有一個瑞士信貸的帳戶。我們客氣地表達感謝之後就掛斷電話了。（幾天之後，穆巴拉克兄弟委託的一家律師事務所找上我們，他們表明許多調查都已證明穆巴拉克兄弟的「所有收入來源均合法」，「也無法將未申報的財產或是不明的金流歸咎於穆巴拉克家族的成員」。）

那是一段很辛苦的時光。我們白天忙於個人在《南德日報》的報導，晚上則埋首這本書的寫作；同時，應該說一直以來，我們與組織犯罪與貪腐舉報計畫以及世界各地的夥伴們都還保持聯繫。我們捨棄了原本應該要有的睡眠時間，吃得比以往更不健康，黑眼圈浮現之外，神經也越來越緊繃。

漸漸的，我們開始收到第一波的回覆。連西門子經理塞德也再度和我們聯繫，雖然是透過一名德國律師。

塞德的律師表示：他「堅決否認自己竊取西門子的資金以及在奈及利亞透過貪污或不法行為獲取金錢的指控。」另一方面，他的太太「從未參與」塞德的商業交易；她掛名董事長的資訊通用與電氣有限公司，「也從未進行任何商業活動。」在聲明當中，他沒有具體說明遭懷疑的公司，也幾乎沒有提到瑞士的帳戶；他只強調自己從一九八一年起就不住在德國，這也是為什麼他沒有遇上稅務的問題，「就算你們影射的事件看似存在，但事實卻並非如此。」基本上，他的回答聚焦在西門子賄賂事件已是多年前的事，法律程序早已結束；塞德和西門子也達成了協議，他接受判決並服刑。因此，他的律師表示，我們沒有理由發布「根本就不符情況的解釋」，尤其是我們手上「完全沒有新的資訊」。

我們當然抱持著不同的看法。一個存放著五千四百萬瑞郎的瑞士帳戶，根據他們的說法，檢察單位和西門子在當時都不知情（自然也不清楚其他的帳戶和註冊在奈及利亞的兩家公司）。這些事在我們看來，其實有非常多值得挖掘的內幕。

同一時間，一家受到中東男子委託的英國律師事務所寫信給我們，他們已經準備好調查，確認我們如何取得他們委託人的帳戶資訊。

就在這個時候，瑞士信貸的發言人也回應了。有鑑於我們提出的問題數量眾多，他請我們等候一些時日，銀行需要更多的時間。我們同意了——即使瑞士信貸實際上應該輕易就能取得自家客戶的所有資料，而且銀行裡將近五萬名的員工也能夠回答這些問題，尤其是有關海外分行據點的問題（顯然是他們不願意回答的部分）。但是，也就只能這樣了。

就在我們等候銀行回覆的同時，美國新聞通訊社《彭博社》報導，瑞士信貸撤出多個非洲國家裡的財富管理業務。瑞士信貸向《商報》（*Handelsblatt*）證實，目前正撤回九個營運市場，「主要是在撒哈拉沙漠以南的非洲國家。」

幾個小時以後，二〇二二年二月四日，下午五點三十六分，終於等到銀行的答覆了。可想而知十分簡短，不多不少只有三段話（詳見〈法律聲明〉）。瑞士信貸解釋：一切遵照「國際及當地現行法規」。近年來，銀行「配合瑞士金融改革實施了多項重大措施」，並投注資金在「法令遵循以及打擊金融犯罪領域」。不過，銀行「有嚴格保密和謹慎責任的義務」，因此無法針對客戶發表評論：「無法逐一公開反駁這些指控，但我們已經審慎地記錄下來，必要時會再詳加核實。」

這份聲明當中有一句話別有深意：「這些媒體臆測的背後，顯然暗藏著一股凝聚的行動力，目的是詆毀自全球經濟危機以來已澈底轉變的瑞士金融中心。」

幾天之後，瑞士信貸在一場與投資人及記者的視訊會議上公開了每季營收報表。結果慘不忍睹。二〇二一年虧損超過十五億瑞郎。《新蘇黎世報》形容是「恐怖的二〇二一年」，金融電子報《閱兵廣場內的金融報》甚至不客氣地斷言：「瑞士信貸是搖搖欲墜的巨人。」並且悲觀地補充說：一個「可能會拖垮瑞士」的龐然大物。

時節來到二月，我們最後看了一下安全投遞信箱。我們始終懷抱著希望，痲痺債務人已經收到我們的訊息。但這一回我們還是落空了，不過他早就在幾個月前提出他的願望：全世界應該都知道瑞士信貸的情況了。

於是，二〇二二年二月二十日星期日這天，我們按下了「發布」鍵，印刷機開始運作。傍晚六點整，網路上已經能讀到第一批文章。

Suisse Secrets 上線了，瑞士的祕密揭曉了。

法律聲明

出版的前幾週，針對那些在本書遭到懷疑（或是陳述方式可能會被理解成指控或涉嫌犯案）的男性及女性當事人，我們給予他們發表聲明的機會。只要在本書截稿之前，我們來得及收到回覆，都會轉載文中相關的說明。如果我們無法向當事人提問，沒有收到答覆，或是回覆內容只是威脅採取法律行動，以及我們確實無法從回覆中引用任何內容，就不會刻意提及這個答案。

瑞士信貸在二〇二二年二月四日針對我們詳盡的提問做出以下的回覆聲明：「身為全球營運的領先金融機構，瑞士信貸深知，面對客戶和整體金融體系有履行最高行為標準的責任，我們在交易運作方面都遵照全球及地方現行的法律和制度。近年來，銀行配合瑞士金融改革實行一連串重大的措施，尤其在法令遵循及打擊金融犯罪方面投入資金。我們也會持續加強各個層面的風險管理及提升控管機制。

「這些媒體臆測的背後，顯然已凝聚一股行動力，目的是詆毀自全球經濟危機以來已澈底轉變的瑞士金融中心。尤其是瑞士信貸受到大量影射的攻擊。

「和其他銀行一樣，我們對客戶必須遵守嚴格保密和謹慎責任的義務；無論對方是否為本行客戶，針對特定人士的臆測我們無法多加評論。本行無法逐一公開反駁這些指控，但已審慎地記錄下來，必要時會再詳加核實。」

除此之外，瑞士信貸還寄來了逃稅、洗錢防制（Anti-Money Laundering, AML）和風險管理的整體要點：

稅務合規

- 瑞士信貸對於逃稅採取嚴格的零容忍政策，並致力遵守包括外國帳戶稅收遵從法及共同申報準則（Common Reporting Standard, CRS）等全球稅務透明化規定。
- 內部的指令和行為準則嚴禁瑞士信貸的員工協助客戶或第三方逃稅，或者規避外國帳戶稅收遵從法及共同申報準則等稅務通報規定。
- 瑞士信貸只願意和遵守納稅規定的客戶往來。在過去十年裡，本行針對歐洲、亞洲、中東和南美各國家的客戶實施多項的稅務合規計畫。因此，未參與客戶稅務計畫的客戶，本行已中止與其之業務關係。

- 此外，為管控客戶逃稅的風險，本行已建立健全的客戶稅務規範。除了堅決落實外國帳戶稅收遵從法及共同申報準則之外，像是信託等財產結構計畫需要提供稅務合規證明做為開戶的條件。

洗錢防制

- 瑞士信貸透過嚴格的管控機制打擊金融罪犯。這些管控機制旨在防止瑞士信貸及其客戶面臨特定和系統性的洗錢風險。
- 一旦我們查明可能用於此類目的或其他非法交易時，會採取立即果斷的措施，包括聯繫官方單位，並且根據監管單位要求限制或終止交易活動。
- 私人企業帳戶，其持有者非實際資產受益人（例如：資產結構），根據現行洗錢防制法規，必須提供擁有帳戶權益的第三方受益人的身分證明，且受益金額必須高於最低監管門檻。

風險管理

- 二〇二一年十一月，瑞士信貸公布集團策略，將風險管理視為銀行營運的核心目標。
- 二〇二一年，本行完成全面的風險評估，重新調整集團及各個部門層級的風險應變能力，提升董事會的風險管理領導和監督。
- 以下為完成或是仍在進行中之舉措：
- 基本的風險審查，審查內容包括如何評估、管理以及監督整體集團的風險。
- 明確定義公司各部門的定位、責任歸屬及管轄範圍，繼續實施自年初啟動的重組措施（二〇二一年）。
- 制定策略和流程以提升業務單位的問責權及所有權，做為風險和控制的第一道防線。
- 修訂薪酬流程和結構，將具風險敏感度的績效和非財務目標納入調整後的績效記分卡。
- 提倡加強培養個人履行職務義務及責任感之重要性。
- 做為策略審查結果的一部分，本行將持續關注風險形成並將風險管理視為營運的核心，在數據、基礎設施、報告類型及法令遵循等項目上投入資金。

二〇二二年二月十一日，瑞士信貸寄來了第二封聲明信：

「瑞士信貸堅決否認對銀行商業行為的指控和臆測。來信所述事實皆屬過往事件，部分可追溯至一九七〇年代。事件的描述內容乃是擷取、選擇性且斷章取義的訊息，此舉是片面解釋銀行之商業行為。雖然本行無法針對潛在的客戶的關係發表評論，但能確認在所提時間點已採取適用現行準則與監管法規之措施，相關問題已獲得解決。（……）本行在過去十年裡採取一連串重要的額外措施，以符合瑞士及整體銀行業的金融改革，包括持續投注重大資金打擊金融罪犯。在整體銀行內部，本行持續建構法令遵循及控管系統。如先前已述明，我們的策略是將風險管理視為營運的核心。」

感言

沒有眾人的幫助和支持，本書無法付梓。首先要感謝我們的消息來源，他冒著日後可能遇上的風險，提供瑞士信貸的上千筆帳戶資料給我們。因為他的見義勇為，我們才有機會調查瑞士銀行祕辛。對此，我們感激不盡。

感謝《南德日報》多年以來，對巴拿馬文件、天堂文件和伊比薩事件等調查報導的長期支持和贊助。少了如此傑出的編輯部，我們便無法執行這些調查新聞的任務。感謝 Wolfgang Krach 和 Judith Wittwer 兩位總編輯打從一開始的支持，以及我們優秀的同仁 Thomas Balbierer, Sophia Baumann, Nina Bovensiepen, Jörg Buschmann, Felix Ebert, Max Ferstl, Elisabeth Gamperl, Emilia Garbsch, Thomas Gröbner, Sandra Hartung, Chris Helten, Felix Hunger, Wolfgang Jaschensky, Florian

Kaindl, Markus Kehrle, Johannes Korsche, Daniel Leder, Vinzent-Vitus Leitgeb, Carolin Lenk, Astrid Müller, Sören Müller-Hansen, Stefanie Preuin, Ulrich Schäfer, Jörg Schmitt, Britta Schönhütl, Sara Scholz, Laura Terberl, Christian Tönsmann, Sarah Unterhitzenberger, Susann Wenk，還有了不起的「颶風」拉爾 Ralf Wiegand，他一再犧牲睡眠時間，撰寫瑞士祕辛的相關報導。

特別感謝 Stefanie Nabrotzki 和 Joris Großgerge 領導的法律團隊，提供法律上協助、不厭其煩地解釋和無數重要的提點。

尤其要感謝一位年輕有才華的程式設計師協助我們整理數據。為了保護他的安全，我們已和他約定好不公開他的姓名。所以更應該感謝他，謝啦！

另外，也要感謝偉大的國際團隊，他們在這次的調查中的斬獲，遠遠超過我們三人能力所及。非常感謝組織犯罪與貪腐舉報計畫（OCCRP）的信任和不懈的支持，特別是計畫領導人安東尼奧・巴克羅（和你一起合作不僅在專業上、整體而言更是充滿樂趣，雖然我們必須在某些時刻告訴你，不必為了每個句子發送新的訊息）；還有保羅・拉杜（你在極度高壓的情況下還能保持冷靜……）、德魯・蘇利文（沒有人能像你一樣凝聚由世界各地記者組成的團隊，激勵和推動合作事務）。特別是，我代表其他人向 Tom Stocks、Jan Strozyk 和 Friedrich »Pudo« Lindenberg 致上謝意。感謝三位的耐心。

在巴拿馬文件、天堂文件和許多案件，包括這回的瑞士信貸，我們已經和北德廣播公司及西德廣播公司聯手進行多次調查。感謝Christine Adelhardt, Massimo Bognanni, Lena Gürtler, Lisa Hagen, Johannes Jolmes, Volkmar Kabisch, Antonius Kempmann, Elena Kuch, Benedikt Strunz, Julia Wacket, Monika Wagener und Stephan Wels，每一回的合作都無比愉快。

我們還要感謝各國的調查夥伴：英國《衛報》、法國《世界報》、委內瑞拉調查網站Armando.info和獨立網路媒體Efecto Cocuyo、阿根廷《布省資訊報》（*Infobae*）和《國家日報》（*La Nación*）、西班牙新興媒體Infolibre、荷蘭Investico、義大利Irpimedia和《新聞報》（*La Stampa*）、奧地利《輪廓雜誌》（*Profil*）、烏克蘭線上電視網Slidstvo.info、葡萄牙《快報》（*Expresso*）、比利時《晚訊報》（*Le Soir*）、哥斯大黎加Trece Costa Rica Noticias和廣播媒體Interferencia de Radioemisoras UCR、印度Confluence Media、吉爾吉斯Kloop、哈薩克Vlast新聞網、土庫曼《土庫曼新聞》（*Turkmen News*）、赤道幾內亞Diario Rombe、辛巴威獨立媒體NewsHawks、奈及利亞線上新聞Premium Times、尼日獨立媒體L'Événement、巴基斯坦《喀拉蚩新聞報》和調查報導媒體Fact Focus、肯亞獨立媒體Africa Uncensored、馬利新聞平台Dépêches du Mali、塞內加爾Impact.sn、蒙特內哥羅反貪腐非政府組織MANS、阿爾及利亞電子報Twala.info、突尼西亞媒體Alqatiba.com、《納米比亞民營日報》（*The Namibian*）、《邁阿密先鋒報》、《紐約時報》、盧森堡獨立媒體《報導者》（*Reporter*）、以色列獨立新聞《守衛者》（*Shomrim*）、瑞典電視台、巴西Piaui、亞美尼亞新聞調查媒體《海特克》、北馬其頓調查報導研究室（Investigative Reporting Lab, IRL）、塞爾維亞反貪腐組織KIRK、泰國獨立非營利媒體Prachatai以及莫三比克獨立媒體Verdade。來自全球超過一百五十名記者共同參與瑞士祕辛調查事件，他們的調查結果也收錄在本書中：Natalia Abril Bonilla, Mercedes Agüero R., Sami Ahmed, Idris Akinbajo, Moussa Aksar, Hugo Alconada Mon, Cecilia Anesia, Olgah Atellah, Juliet Atellah, Anna Babinets, Edik Baghdasaryan, Lorenzo Bagnoli, Eric Barrett, Benjamin Barthe, Jérémie Baruch, Rahma Behi, Birgit Brauer, Aderito Caldeira, Luc Caregari, Lindita Cela, Denica Chadikovska, Umar Cheema, Martin Chulov, Romina Colman, Xavier Counasse, Sandra Crucianelli, Saska Cvetkovska, Shirsho Dasgupta, Antonio Delgado, David Dembele, Roberto Deniz, Aleksandra Denkovska, Lara Dhimis, Momar Dieng, Stevan Dojčinović, Jesse Drucker, Joachim Dyfvermark, Alex Dziadosz, Amra Džonlić Zlatarević, Mohamed Ebrahem, David Enrich, Jared Ferrie, Brian Fitzpatrick, Casey Frank, Eduardo Goulart, Kevin Hall, Lyas Hallas, Luke Harding, David Ilieski, Shinovene Immanuel, Peter Jones, Josy Joseph, Maja Jovanovska, Rattanaporn Khamenkit, Erin Klazar, Yanina Korniienko, Valentina Lares, Paul Lewis, Ilya Lozovsky, Kalyeena Makortoff, Patricia Marcano, Joël Matriche, Walid Mejri, Stefan Melichar, Anne Michel, Hulda Miranda, Delfín Mocache Massoko, Eli Moskowitz, Dumisani Muleya, John-Allan Namu, Ivana Nasteska, William Neal, Mark Nightingale, Michael Nikbakhsh, Ahmad Noorani, Marr Nyang, James O'Brien, Dapo Olorunyom, Stelios Orphanides, Miranda Patrucic, Dragana Pećo, David

Pegg, Micael Pereira, Joseph Poliszuk, Manuel Rico, Iván Ruiz, Rana Sabbagh, Thomas Saintourens, Sana Sbouai, Ewald Scharfenberg, Laurent Schmit, Khadija Sharife, Karina Shedrofsky, Trifun Sitnikovski, Graham Stack, Bojan Stojanovski, Yiamyut Sutthichaya, Joan Tilouine, Beauregard Tromp, Alina Tsogoeva, Jurre van Bergen, Romy van der Burgh, Maxime Vaudano, Aris Velizelos, Faustine Vincent, Sharad Vyas, Julia Wallace, Jay Weaver, Laura Weffer, Ben Wieder, Johan Wikén, Jonny Wrate, James G. Wright, Martin Young, Kira Zalan und Madjid Zerrouky。

我們在此也要向瑞士TA媒體調查新聞部門的同仁們致意，我們知道你們有多麼想為瑞士祕辛調查盡一份心力，但礙於法律限制而無法參與。我們更加期待未來能有新的共同合作計畫。

本書是根據大量的資料來源，與專家、政治人物、銀行家和記者進行數十次的訪問所撰寫而成。包括與瑞士貪污研究專家馬克・皮耶特、美國律師杰弗瑞・內曼、吹哨者魯道夫・艾爾默及布拉德利・柏肯菲德、前檢察官林哈德・奧克斯納、瑞士前議員奧蘇珊娜・洛伊特內格爾・奧柏霍爾澤和她的同事盧西亞諾・法拉利、法令遵循專家莫妮卡・羅特會面，以及私下與我們祕密交談的消息人士，我們不便在此公開他們的姓名。

本書也集結了許多作者的著作內容，我們在此也向他們致上謝意：歷史學家喬納森・斯坦伯格在《為什麼是瑞士？》一書中詳細描繪出一個充滿矛盾的國家；英國記者尼古拉斯・

謝森在他的巨作《金銀島》中，用「中立國的利益大衣」章節介紹瑞士這個避稅天堂。值得推薦的還有歷史學家史蒂芬·陶伯樂的《瑞士銀行保密條款之戰》、歷史學家羅伯特·烏爾斯·沃格勒的《瑞士銀行的保密制度：起源、意義、神話》（*Swiss Banking Secrecy: Origins, Significance, Myth*，暫譯）。調查報導記者湯姆·鮑爾的《猶太人的黃金：瑞士和消失的納粹財產》描述了瑞士在二戰中如何處理猶太人的財產；法國記者伊夫·格尼爾（Yves Genier）的《瑞士信貸醜聞》（*Scandales chez Credit Suisse*，暫譯）。另外，瑞士記者巴爾茲·布魯帕赫（Balz Bruppacher）在《獨裁者的藏寶庫》（*Die Schatzkammer der Diktatoren*，暫譯）裡，清楚地描繪瑞士銀行接收獨裁者資金的細節。至於德國與瑞士之間的稅務糾紛，前社民黨黨魁諾伯特·瓦爾特—博爾揚斯斯都寫在他的《稅收——一場偉大的騙局》裡了。

感謝Kiepenheuer & Witsch出版社出版了這本具法律爭議的書籍，感謝你們的信任！與在巴拿馬文件和伊比薩事件時一樣，偉大的律師Sven Krüger也在瑞士祕辛的調查過程中提供法律諮詢，並展現無比的耐心。當然也要感謝我們的審稿編輯，日以繼夜地編輯這本書，連假日也不得休息，從未間斷，而且始終保持最佳的心情。親愛的編輯，非常感謝你！也謝謝你的咖啡和巧克力。

感謝我們家人的耐心和體諒，我們也愛你們。

國家圖書館出版品預行編目資料

瑞士黑幕：以政治力和金融制度，為名人權貴、超級富豪、獨裁者、特務及天主教會藏匿不法所得的銀行/巴斯提昂.歐伯邁爾(Bastian Obermayer), 弗雷德瑞克.歐伯麥爾(Frederik Obermaier), 漢尼斯.孟沁格(Hannes Munzinger)著；楊婷湞譯. -- 初版. -- 臺北市：商周出版：英屬蓋曼群島商家庭傳媒股份有限公司城邦分公司發行, 2023.05

面；　公分. -- (生活視野；35)

譯自：Schweizer Geheimnisse.

ISBN 978-626-318-651-4 (平裝)

1.CST: 銀行業 2.CST: 信用貸款 3.CST: 洗錢 4.CST: 報導文學 5.CST: 瑞士

562.54448　　　　112004478

瑞士黑幕：以政治力和金融制度，為名人權貴、超級富豪、獨裁者、特務及天主教會藏匿不法所得的銀行

作　　者／巴斯提昂・歐伯邁爾Bastian Obermayer、弗雷德瑞克・歐伯麥爾Frederik Obermaier、漢尼斯・孟沁格Hannes Munzinger
譯　　者／楊婷湞
責任編輯／余筱嵐

版　　權／林易萱、吳亭儀
行銷業務／林秀津、周佑潔、黃崇華
總 編 輯／程鳳儀
總 經 理／彭之琬
事業群總經理／黃淑貞
發 行 人／何飛鵬
法律顧問／元禾法律事務所 王子文律師
出　　版／商周出版
台北市104民生東路二段141號9樓
電話：(02) 25007008　傳真：(02)25007759
E-mail：bwp.service@cite.com.tw
Blog：http://bwp25007008.pixnet.net/blog
發　　行／英屬蓋曼群島商家庭傳媒股份有限公司 城邦分公司
台北市中山區民生東路二段141號2樓
書虫客服服務專線：02-25007718；25007719
服務時間：週一至週五上午09:30-12:00；下午13:30-17:00
24小時傳真專線：02-25001990；25001991
劃撥帳號：19863813；戶名：書虫股份有限公司
讀者服務信箱：service@readingclub.com.tw
城邦讀書花園：www.cite.com.tw
香港發行所／城邦（香港）出版集團有限公司
香港灣仔駱克道193號東超商業中心1樓；E-mail：hkcite@biznetvigator.com
電話：(852) 25086231　傳真：(852) 25789337
馬新發行所／城邦（馬新）出版集團 Cite (M) Sdn. Bhd.
41, Jalan Radin Anum, Bandar Baru Sri Petaling, 57000 Kuala Lumpur, Malaysia.
Tel: (603) 90563833 Fax: (603) 90576622 Email: service@cite.my

封面設計／李東記
排　　版／邵麗如
印　　刷／韋懋印刷事業有限公司
總 經 銷／聯合發行股份有限公司
電話：(02)2917-8022　傳真：(02)2911-0053
地址：新北市231新店區寶橋路235巷6弄6號2樓

■2023年5月30日初版　　Printed in Taiwan
定價480元
Originally published as "Schweizer Geheimnisse. Wie Banker das Geld von Steuerhinterziehern, Foltergenerälen, Diktatoren und der katholischen Kirche versteckt haben – mit Hilfe der Politik"

城邦讀書花園
www.cite.com.tw

 ISBN 978-626-318-651-4

廣　告　回　函
北區郵政管理登記證
北臺字第000791號
郵資已付，免貼郵票

104　台北市民生東路二段141號2樓

英屬蓋曼群島商家庭傳媒股份有限公司城邦分公司　收

請沿虛線對摺，謝謝！

書號：BH2035　書名：瑞士黑幕　編碼：

請於此處用膠水黏貼

商周出版

讀者回函卡

線上版讀者回函卡

感謝您購買我們出版的書籍！請費心填寫此回函卡，我們將不定期寄上城邦集團最新的出版訊息。

姓名：________________ 性別：□男 □女

生日：西元________年________月________日

地址：________________

聯絡電話：________________ 傳真：________________

E-mail ：

學歷：□ 1. 小學 □ 2. 國中 □ 3. 高中 □ 4. 大學 □ 5. 研究所以上

職業：□ 1. 學生 □ 2. 軍公教 □ 3. 服務 □ 4. 金融 □ 5. 製造 □ 6. 資訊
□ 7. 傳播 □ 8. 自由業 □ 9. 農漁牧 □ 10. 家管 □ 11. 退休
□ 12. 其他________________

您從何種方式得知本書消息？

□ 1. 書店 □ 2. 網路 □ 3. 報紙 □ 4. 雜誌 □ 5. 廣播 □ 6. 電視
□ 7. 親友推薦 □ 8. 其他________________

您通常以何種方式購書？

□ 1. 書店 □ 2. 網路 □ 3. 傳真訂購 □ 4. 郵局劃撥 □ 5. 其他________

您喜歡閱讀那些類別的書籍？

□ 1. 財經商業 □ 2. 自然科學 □ 3. 歷史 □ 4. 法律 □ 5. 文學
□ 6. 休閒旅遊 □ 7. 小說 □ 8. 人物傳記 □ 9. 生活、勵志 □ 10. 其他

對我們的建議：________________

____

____

請於此處用膠水黏貼